O Instituto Marx-Engels de Moscou (que mais tarde passaria a se chamar Instituto Marx-Engels-Lênin), oficializado por iniciativa de Lênin em 1921 para reunir e editar o legado de Marx e Engels. Lukács trabalhou no local de 1930 a 1931.

LÊNIN

Capa da edição finlandesa do livro *Lenin*, publicada em 1970 em Helsinque.

GYÖRGY LUKÁCS

LÊNIN

Um estudo sobre a unidade de seu pensamento

Tradução: **Rubens Enderle**
Apresentação e notas: **Miguel Vedda**

Copyright desta tradução © Boitempo Editorial, 2012
Traduzido do original alemão *Lenin – Studie über den Zusammenhang seiner Gedanken* (Neuwied, Hermann Luchterhand, 1967; 1. ed., Viena, Arbeiterbuchhandlung, 1924)

Coordenação editorial Ivana Jinkings
Editora-adjunta Bibiana Leme
Tradução e índice onomástico Rubens Enderle
Preparação Mariana Echalar
Revisão Mônica Santos
Capa Livia Campos
com base em projeto gráfico de David Amiel
Diagramação e produção Livia Campos
Assistência de produção Isabella Teixeira

CIP-BRASIL. CATALOGAÇÃO-NA-FONTE
SINDICATO NACIONAL DOS EDITORES DE LIVROS, RJ

L981

Lukács, György, 1885-1971
 Lênin : um estudo sobre a unidade de seu pensamento / György Lukács ; tradução Rubens Enderle ; apresentação e notas Miguel Vedda. - São Paulo : Boitempo, 2012.

Tradução de: Lenin : Studie über den Zusammenhang seiner Gedanken
ISBN 978-85-7559-193-2

1. Lênin, Vladimir Ilitch, 1870-1924. 2. Comunismo. 3. Socialismo. 4. Revoluções. 5. Ciência política. I. Título.

11-8424.
CDD: 335.422
CDU: 330.85

É vedada a reprodução de qualquer
parte deste livro sem a expressa autorização da editora.

1ª edição: fevereiro de 2012;
1ª reimpressão: junho de 2017; 2ª reimpressão: outubro de 2023

BOITEMPO
Jinkings Editores Associados Ltda.
Rua Pereira Leite, 373
05442-000 São Paulo SP
Tel.: (11) 3875-7250 / 3872-6869
editor@boitempoeditorial.com.br
boitempoeditorial.com.br | blogdaboitempo.com.br
facebook.com/boitempo | twitter.com/editoraboitempo
youtube.com/tvboitempo | instagram.com/boitempo

Sumário

Apresentação – *Miguel Vedda* 7

Prefácio 27

1. A atualidade da revolução 29

2. O proletariado como classe dirigente 35

3. O partido dirigente do proletariado 45

4. O imperialismo: guerra mundial e guerra civil 59

5. O Estado como arma 77

6. *Realpolitik* revolucionária 87

Posfácio 103

Índice onomástico 115

Obras do autor publicadas no Brasil 123

NOTA DA EDITORA

György Lukács publicou este trabalho sem indicar de maneira sistemática suas referências bibliográficas e "não se pautando pela exatidão cronológica", conforme explica em seu prefácio à página 27. Para esta edição, optamos por inserir algumas informações úteis ao leitor brasileiro de nossa época. As notas com essas informações estão identificadas como "(N. E.)" quando de autoria do professor de Literatura Alemã da Universidade de Buenos Aires (UBA) Miguel Vedda e como "(N. T.)" quando de autoria do tradutor Rubens Enderle.

Apresentação*
Miguel Vedda

O opúsculo *Lênin – um estudo sobre a unidade de seu pensamento* (1924) é um dos produtos mais significativos da obra do jovem Lukács. Vinculado, conforme veremos, aos escritos anteriores do autor, constitui um ponto de transição importante para sua filosofia madura, cujas primeiras formulações nítidas se encontram em artigos como "A nova edição das cartas de Lassalle" (1925) ou "Moses Hess e o problema da dialética idealista" (1926), nos quais o filósofo se ocupa em acertar contas com o utopismo dominante em sua teoria e práxis precedentes. Nesses dois artigos, assume contornos precisos algo que vemos agudamente insinuado em *Lênin*: uma mudança profunda e produtiva na atitude de Lukács com relação à realidade material, além de com relação à vida cotidiana dos homens, e, antes de tudo, das classes sociais "humilhadas e ofendidas" (Dostoiévski) pelo capitalismo. Essa importante reviravolta antecipa de longe a obra tardia de Lukács, e uma de suas características centrais é a importância que atribui à vida cotidiana. Considerada não como uma categoria de análise, mas como – nas palavras do autor – um *factum brutum*, a cotidianidade é, por sua vez, ponto de partida e chegada de toda análise e práxis efetivas. No prólogo de *A peculiaridade do estético* (1963) essa significação vinculada ao cotidiano se destaca em termos bastante gráficos:

---

* Tradução de Maria Orlanda Pinassi. (N. E.)

O comportamento cotidiano do homem é ao mesmo tempo começo e fim de toda atividade humana. Se representamos a cotidianidade como um grande rio, pode-se dizer que dele se desprendem [...] a ciência e a arte, [as quais] se diferenciam, se constituem de acordo com suas finalidades específicas, alcançam sua forma pura nessa especificidade [...] para, portanto, a consequência de seus efeitos, de sua influência na vida dos homens, desembocar de novo na vida cotidiana.[1]

Não nos encontramos aqui tão somente diante de uma perspectiva de ordem científica e filosófica, mas também de um ponto de vista que está arraigado em convicções éticas e políticas; sobretudo na expectativa, aberta no contexto do pós-stalinismo, de uma recuperação da democracia dos conselhos (*Rätedemokratie*) e da autogestão (*Selbstverwaltung*) das massas. Segundo afirma Lukács em uma reportagem de 1970, "democracia dos conselhos" significa "democracia na vida cotidiana. A autogestão democrática deve estender-se aos níveis mais simples da vida cotidiana, e dali estender-se para cima, de modo que, por último, o povo decida de fato sobre as questões mais importantes"[2]. Essa posição de princípio, que não só está na base dos grandes tratados de velhice – a *Estética*, a *Ontologia** –, mas também de numerosos estudos menores dessa época, como aquele sobre *Um dia na vida de Iván Denísovich* (1962) ou, em particular, *Democratização hoje e amanhã* (1968), contrasta abertamente com a obra do jovem filósofo húngaro ao menos até meados da década de 1920. Nesta, a cotidianidade emerge simplesmente como o reino da alienação, com relação ao qual a única postura correta é o distanciamento crítico. A expressão mais exacerbada dessa aversão pela vida diária se encontra nos ensaios incluídos em *A alma e as formas* (1911), nos quais se estabelece um antagonismo insanável entre vida empírica e vida "verdadeira": a primeira é apresentada em termos negativos, como uma anarquia de *claro-escuro*, como um caos em cujo seio todas as coisas se confundem em impura mescla e nada floresce até alcançar a plenitude. Essa postura persiste durante os primeiros escritos marxistas de Lukács, a *vida cotidiana* não aparece problematizada, exceto quando considerada em termos negativos; em *História e*

---

[1] György Lukács, *Estética 1 – la peculiaridad de lo estético* (trad. Manuel Sacristán, Barcelona, Grijalbo, 1982, v. I), p. 11-2.

[2] "Nach Hegel nichts Neues – Gespräch mit Georg Klos, Kalman Petkovic, Janos Brener, Belgrad", em Frank Benseler, Werner Jung e Dieter Redlich (orgs.), *Autobiographische Texte und Gespräche* (Bielefeld, Aisthesis, 2005, v. 18 de Georg Lukács Werke), p. 436.

* György Lukács, *Ontologia do ser social* (São Paulo, Boitempo, no prelo). (N. E.)

consciência de classe* (1923) ela é tratada como o "nocivo espaço da atualidade" e se faz alusão ao "imediatismo da cotidianidade, desprovida de ideias"[3].

Nessas circunstâncias se enlaça outro atributo do pensamento do jovem Lukács: o *rigorismo ético*, fundado justamente na convicção de que existe um abismo insanável entre os princípios morais autênticos (a "ética trágica" dos primeiros ensaios, a impoluta moral comunista promovida nos primeiros estudos marxistas) e a realidade empírica contemporânea. Presente no pensamento lukacsiano desde o princípio, essa identificação com uma severa ética idealista marcou a aproximação de Lukács com o marxismo: influenciado por teóricos como Georges Sorel e Erwin Szabó, o filósofo procurou encontrar no rigorismo moral e no modelo da *ação direta* uma alternativa ao economicismo da Segunda Internacional. Em seu primeiro volume marxista, *Tática e ética* (1919), Lukács erige uma muralha entre a pecaminosidade da ordem burguesa e a pureza da ética comunista; carregado de desprezo pelo apego oportunista aos fatos próprio a um Karl Kaustky ou um Eduard Bernstein, o autor do volume sustenta que o revolucionário deve atuar com total indiferença para com as condições objetivas. Limita-se, pois, a postular um voluntarismo não menos radical que o oportunismo economicista propulsado pelos sociais-democratas. Que a orientação desse pensamento é voluntarista é algo que podemos deduzir com clareza ainda maior da primeira versão do artigo "O que é o marxismo ortodoxo?", incluído em *Tática e ética*; carregado de desprezo pela devoção oportunista aos fatos característica dos sociais-democratas, Lukács sustenta que o marxista "verdadeiramente ortodoxo", "dialético", atua com total indiferença para com as condições objetivas:

> *Pois a decisão precede o fato*. Quem reconhece a realidade – entendida no sentido marxiano – é amo e não escravo dos fatos vindouros. O marxista vulgar olha desamparado à esquerda e à direita porque os fatos isolados, que se sucedem um atrás do outro, assinalam às vezes para a direita, às vezes para a esquerda, e ele necessita do conhecimento dialético para encontrar o caminho no labirinto dos fatos. [...] [Os líderes do proletariado] aguardam uma orientação com base nesses "fatos". Chegou realmente o tempo da revolução? Encontra-se madura a

---

* György Lukács, *História e consciência de classe* (2. ed., São Paulo, Martins Fontes, 2012). (N. E.)
[3] Cf. Werner Jung, "Zur Ontologie des Alltags – die späte Philosophie von Georg Lukács", em *Von der Utopie zur Ontologie – Zehn Studien zu Georg Lukács* (Bielefeld, Aisthesis, 2001), p. 115-29; especialmente p. 117.

ordem de produção de modo a que o proletariado a tome em suas próprias mãos? Poderíamos dizer agora: aguardam em vão uma decisão que emana dos "fatos". Nunca se produzirá uma situação na qual os "fatos" apontem indubitável e inequivocamente para a revolução.[4]

O autor de *Tática e ética* se limita, pois, a postular um voluntarismo não menos radical que o do oportunismo economicista propulsado pelos sociais-democratas; não é incidental que o ensaio encerre com uma alusão a Fichte: "todo marxista ortodoxo que tenha compreendido [...] que chegou o instante indicado para expropriar os exploradores dará uma única resposta". Responderá, com Fichte: "Tanto pior para os fatos"[5]. O voluntarismo que caracteriza a filosofia lukacsiana do período encontra uma de suas expressões mais extremadas no artigo "Sobre a questão do parlamentarismo" (1920), no qual defende a necessidade de preservar a pureza ética do comunismo fora de todo contato perturbador com as instituições burguesas. O artigo de Lukács recebeu uma dura crítica de Lênin; além disso, três meses depois de sua aparição na revista *Kommunismus*, publicou-se o panfleto "Esquerdismo, doença infantil do comunismo", no qual Lênin condena as orientações subjetivistas defendidas por Lukács e outros teóricos contemporâneos.

Nos "estudos sobre a dialética marxista" que compõem *História e consciência de classe*, vemos indícios de um deslocamento desse messianismo dotado de traços anticapitalistas românticos; a sucessão dos textos que integram o volume revela essa passagem de um utopismo inicial até uma disposição mais cética e objetivista nos últimos artigos, embora persistam resquícios idealistas. É flagrante que esse livro, brilhante e polêmico, contém críticas acertadas tanto ao positivismo hegemônico no marxismo da época como ao neokantismo dominante nos âmbitos acadêmicos de começos do século XX. Também é flagrante que a obra mestra do jovem Lukács conseguiu conquistar para o marxismo um respeito como discurso filosófico que até então estava longe de desfrutar. A contrapartida dessas substanciais contribuições está em uma série de deficiências fundadas, em parte, em um conhecimento insuficiente da obra de Marx, tal como o próprio Lukács logo haveria de admitir. Não é nossa tarefa desenvolver uma análise pontual dos méritos e deméritos de

---

[4] György Lukács, *Táctica y ética – escritos tempranos (1919-1929)* (introd. Antonino Infranca e Miguel Vedda, trad. e notas Miguel Vedda, Buenos Aires, El Cielo por Asalto, 2005), p. 47.
[5] Ibidem, p. 69.

História e consciência de classe; limitar-nos-emos aqui a considerar um aspecto – central – do volume, no qual se percebem os dois traços (desatenção pela vida cotidiana e rigorismo ético) que reconhecemos como característicos de todo o período de juventude: referimo-nos às reflexões sobre a consciência de classe proletária. Sustentadas menos em uma análise sócio-histórica concreta do que em uma construção especulativa, tais reflexões se caracterizam por sua considerável abstração; em termos não muito distintos dos que havia empregado, na etapa pré-marxista, para questionar a vida empírica em nome da "verdadeira", Lukács se propõe superar o que ele mesmo define como *crise ideológica do proletariado*, questionando a consciência empírica e "psicológica" da classe trabalhadora em nome de uma consciência comparativamente perfeita, pura, à qual denomina consciência atribuída (*zugerechnetes Bewußtsein*). Em "Consciência de classe", esta última é identificada com

> aquelas ideias, sentimentos etc. [...] que os homens teriam em uma situação vital determinada, se *foram capazes de compreender perfeitamente* essa situação, os interesses que derivam dela, em relação tanto à ação imediata como à estrutura – de acordo com esses interesses – de toda a sociedade; as ideias etc., pois, que correspondem à sua situação objetiva. [...] A reação racionalmente apropriada, pois, que dessa maneira *é atribuída* a determinada situação típica no processo de produção, é a consciência de classe.[6]

Em nota de rodapé a essa passagem, o autor do artigo lamenta não poder explicar, nesse contexto, a relação existente "entre materialismo histórico e esforços similares na ciência burguesa (como os tipos ideais de Max Weber)"[7]. O comentário é em si significativo. Guido Oldrini assevera que, em *História e consciência de classe*, Lukács se limita "à utilização de certos motivos críticos weberianos (por exemplo, o 'cálculo', como móvel primário da ideologia capitalista, ou a crítica da burocracia moderna) para um esclarecimento mais adequado do conceito de coisificação"[8] e agrega, a propósito de certos "empréstimos" terminológicos, como a teoria dos *Idealtypen*, que estes são apenas "pontos à margem dos complexos problemáticos em

---

[6] György Lukács, *Geschichte und Klassenbewußtsein – Studien über marxistische Dialektik* (Darmstadt/Neuwied, Luchterhand, 1976), p. 126.
[7] Idem, nota 11.
[8] Guido Oldrini, *György Lukács e i problemi del marxismo del novecento* (Nápoles, La Città del Sole, 2009), p. 116-7.

discussão, que não incidem somente sobre seu aparato conceitual, e ainda menos condicionam a formulação"[9]. Além de o comentário de Oldrini ser, em geral, apropriado, cabe indicar que a influência de Weber sobre a categoria lukacsiana de consciência atribuída é determinante e não pode ser vista como mero resto, em si pouco relevante, do período pré-marxista. Com isso não buscamos impugnar, com um aceno purista, a utilização, por parte de um marxista como Lukács, de categorias e procedimentos derivados da chamada "sociologia burguesa". O problema é, por um lado, que os tipos ideais weberianos divergem substancialmente da metodologia de Marx, com a qual queria adaptá-los o jovem Lukács; por outro, que a consciência atribuída, como tipo ideal contraposto à realidade concreta, não faz mais que reeditar as linhas idealistas dominantes na obra precedente. Eric Hobsbawm escreveu que a consciência de classe atribuída "é o que pensariam, por exemplo, um burguês ou um proletário racional de ordem ideal. É uma construção teórica, derivada de um modelo teórico de sociedade, e não uma generalização empírica do que os homens pensam do fato"[10]; com isso, enfatiza um problema cardeal da teoria lukacsiana: a falta de conexão entre a consciência atribuída e as experiências, ações, crenças e pensamento dos homens reais e concretos. Na medida em que a definição da consciência proletária "correta" não se funda na existência – o que o velho Lukács denominará o "ser assim" (*Sosein*) ou o ser-precisamente-assim (*Geradesosein*) – da vida cotidiana das massas, mas sim descende das alturas das especulações abstratas, os artigos de *História e consciência de classe* não podem oferecer nenhuma mediação concreta entre a teoria e a práxis.

É sugestivo que, apoiando-se em uma citação de Engels que interpreta de maneira peculiar, Lukács afirme que "a essência do marxismo científico consiste [...] no conhecimento da independência das forças motrizes reais da história em relação à consciência (psicológica) que os homens têm sobre elas"[11]. A base dessa afirmação é o convencimento, por parte do autor, de que a consciência de classe psicológica se encontra totalmente coisificada e não é possível construir a partir dela um pensamento e uma ação revolucionários

---

[9] Ibidem, p. 117.
[10] Eric Hobsbawm, "Klassenbewußtsein in der Geschichte", em István Mészáros (org.), *Aspekte von Geschichte und Klassenbewußtsein* (Munique, List, 1972), p. 15.
[11] György Lukács, *Geschichte und Klassenbewußtsein*, cit., p. 120.

autênticos. Como assinala de forma acertada Antonia Grunenberg, para o Lukács de 1923, "a consciência 'psicológica' não era o reflexo contraditório de um modo de produção contraditório, senão a reprodução monoliticamente coisificada de uma estrutura social monoliticamente coisificada"[12], daí que na vida cotidiana das massas o filósofo não reconhece nem sequer *potencialmente* conteúdos revolucionários. O complemento dessa abstração em relação à vida cotidiana dos trabalhadores é, como em estágios anteriores do pensamento lukacsiano, o rigorismo ético, agora encarnado no Partido Comunista, tal como o filósofo o entende. Na concepção do partido aparecem traços nitidamente sectários; já pelo modo como se demanda do militante comunista uma subordinação absoluta às decisões partidárias: "a disciplina do Partido Comunista, a dissolução incondicional da personalidade total de cada integrante na práxis do movimento, é o único caminho possível para a realização da autêntica liberdade"[13]. Sobre essa base se apoia, no último artigo do volume, a suspensão das liberdades individuais como pressuposto para a realização do "reino da liberdade":

> E entendendo que a liberdade individual, na sociedade burguesa atual, só pode ser um privilégio corrupto e corruptor, já que se baseia, de maneira não solidária, na carência de liberdade dos demais, isso significa com precisão: a renúncia à liberdade individual. Significa a subordinação consciente sob aquela vontade global que está destinada a gestar verdadeiramente a verdadeira liberdade, e que hoje se dispõe seriamente a dar os primeiros passos – árduos, inseguros e tentativos – em direção a ela. Essa vontade global consciente é o Partido Comunista.[14]

Para o autor de *História e consciência de classe*, os revolucionários constituem uma vanguarda elevada acima da classe e capaz de encarnar a consciência de classe autêntica e, portanto, os ideais humanos mais altos. Diante dessa altura ética, ficam relegadas a um segundo plano a necessidade de um contato com a classe *in toto* por parte dos revolucionários e a necessidade de que estes aprendam constantemente com a classe, suas experiências e lutas[15]. Liberados da coisificação que domina a consciência dos demais homens sob o capi-

---

[12] Antonia Grunenberg, *Bürger und Revolutionär – Georg Lukács 1918-1928* (Colônia/Frankfurt, Europäische Verlagsanstalt, 1976), p. 215.
[13] György Lukács, *Geschichte und Klassenbewußtsein*, cit., p. 486.
[14] Ibidem, p. 480.
[15] Cf. Antonia Grunenberg, *Bürger und Revolutionär*, cit., p. 324.

talismo, os integrantes da vanguarda partidária encarnariam o objetivo último do proletariado – o passo do reino da necessidade ao da liberdade –, acima de todos os triunfos e derrotas individuais diárias que para o jovem Lukács carecem de significação genuína. Quando afirma que a decisão sobre o fato de um interesse individual e momentâneo implicar um avanço para a meta última ou um retrocesso em relação a esta *"depende exclusivamente da consciência do proletariado, e não do triunfo ou do fracasso na luta individual"*[16], Lukács desvela o idealismo de suas posições; mostra uma atitude próxima à daquele que, das alturas da filosofia da história, observa com serena impavidez as lutas cotidianas levadas a cabo por homens materiais e concretos. Assim como as justificadas críticas do jovem Lukács às tendências economicistas caíam, em sua obstinação adversa à dialética, em um voluntarismo de consequências arriscadas para o movimento revolucionário, também a fundamentada condenação do oportunismo encerra o perigo de uma perda de vínculos com a experiência das massas. A teoria e prática oportunistas, ao ter em vista, com funesta miopia, apenas as pequenas vantagens econômicas conquistadas nas lutas diárias, conduziam a excluir do horizonte proletário o objetivo fundamental da emancipação humana através da democracia socialista; mas não é uma alternativa válida com relação a elas postular um objetivo ético puro, carente de conexões claras com a vida cotidiana das massas. De maneira lúcida, Oldrini destaca em que medida a própria realidade histórica tem sido a "armadilha" contra a qual se estatelaram as deslumbrantes, mas rígidas, construções especulativas ideais de *História e consciência de classe*:

> Agora a rigidez de seu desenho, a convicção de seu tom, a jactanciosa coerência de suas deduções dialéticas, a desenvoltura com que a teoria se funda mais nas atribuições "de direito" que na verificação e na sondagem das circunstâncias de fato: tudo isso, enquanto os fatos prevalecem sobre o direito, põe em questão a legitimidade e prejudica a eficácia das propostas.[17]

A realidade histórica que abalou as certezas dogmáticas de Lukács foi a estabilização relativa da onda revolucionária em plano mundial. Cabe destacar que o voluntarismo entusiasta promovido pelo filósofo desde seu ingresso no marxismo até a *chef d'oeuvre* de 1923, e que se encontra presente ainda em

---

[16] György Lukács, *Geschichte und Klassenbewußtsein*, cit., p. 159.
[17] Guido Oldrini, *György Lukács e i problemi del marxismo del novecento*, cit., p. 120.

alguns escritos posteriores – a postulação do proletariado como sujeito-objeto idêntico, a entronização da consciência de classe atribuída, a desatenção com as condições históricas e materiais, a supremacia da classe –, tem bases históricas, ainda que não estivesse disposto a reconhecê-lo o próprio Lukács. Com efeito, encontram-se fundadas na crença escatológica (compartilhada por numerosos intelectuais da época) e na pronta realização da revolução em plano mundial, qual um Messias que haveria de chegar para pôr fim à história e consumar o passo desde o reino da necessidade até o da liberdade. O reconhecimento das ostensivas limitações do próprio entusiasmo e a honesta admissão dos sérios erros que implicava o voluntarismo de juventude estão na base do realismo – tantas vezes mal-entendido – que caracterizava a obra madura, e que está longe de circunscrever-se a uma questão de gosto estético ou a uma claudicação ante o *status quo*. Implica, antes, aceitar que a verdade, tanto no plano teórico como no prático, não está alojada na mente do revolucionário, mas em uma sondagem das possibilidades de ação latentes na realidade histórica. Em seu ensaio de 1935 sobre as *Ilusões perdidas** de Balzac, Lukács se refere à riqueza da "estrutura objetiva da realidade", que "nunca podemos reproduzir e captar adequadamente com nossas ideias sempre demasiado abstratas, sempre demasiado rígidas e lineares, demasiado unilaterais"[18]. Essa afirmação se enlaça, no Lukács maduro, com o convencimento de que só é eficaz aquele pensamento que se propõe "examinar o existente com respeito a seu ser e encontrar as diversas fases e transições *dentro* do existente"[19]. A busca pela emancipação não pode derivar somente da moral impoluta de uma vanguarda colocada acima da sociedade, contraposta a esta, mas de uma imersão na vida cotidiana, com vistas a extrair dela as circunstâncias oportunas para conhecer e, sobretudo, transformar a realidade, de acordo com a tese marxiana segundo a qual os homens fazem sua própria história, mas sob circunstâncias que não são criadas por eles**.

O opúsculo sobre *Lênin* foi escrito e publicado por ocasião da morte do líder revolucionário e tem sido criticado – acreditamos que injustamente – pelo

---

* Honoré de Balzac, *Ilusões perdidas* (São Paulo, Estação Liberdade, 2007). (N. E.)
[18] György Lukács, "Verlorene Ilusionen", em *Balzac und der französische Realismus* (Berlim, Aufbau, 1951), p. 58.
[19] Hans Heinz Holz, Leo Kofler e Wolfgang Abendroth, *Conversaciones con Lukács* (compilação e prólogo Theo Pinkus, trad. Jorge Deike e Javier Abásolo, Madri, Alianza, 1971), p. 21.
** Karl Marx, *O 18 de brumário de Luís Bonaparte* (São Paulo, Boitempo, 2011), p. 25. (N. E.)

fato de haver contribuído para canonizar a figura do autor de O *Estado e a revolução**. Andrew Arato e Paul Braines assinalaram que, nesse estudo, Lênin aparece "[...] como o primeiro e único dos contemporâneos de Lukács que não recebem dele nenhuma palavra de crítica"[20]. Uma afirmação como essa ignora o fato de que o Lênin que aqui se apresenta e exalta é, ostensivamente, o *Lenin de Lukács*[21]; o filósofo húngaro construiu, nesta obra de juventude, uma imagem *sui generis* do líder bolchevique, na qual se destaca toda uma série de aspectos que pouco condizem com a versão que logo haveria de divulgar o stalinismo, mas que já estava começando a se configurar. O opúsculo continua algumas das linhas de pensamento desenvolvidas na obra marxista anterior de Lukács, em parte com a intenção de responder àqueles que haviam colocado *História e consciência de classe* em total antagonismo com a teoria e a práxis leninistas. Ainda quando se mantém muito próximo do universo de ideias de *História e consciência de classe*, *Lênin* apresenta algumas diferenças significativas em relação ao volume de artigos precedente. Em tal sentido, seria tão errado afirmar uma plena identidade entre as duas obras como estabelecer uma oposição radical entre ambas. Em um dos melhores estudos gerais sobre a obra lukacsiana, Werner Jung quis ver em *Lênin* uma tentativa para reevocar teses fundamentais de *História e consciência de classe*, ou ainda para intensificar, levando-as ao extremo, alguns de seus excessos:

> O partido comunista de tipo bolchevique tem de destacar-se pelo "maior rigor e maior das severidades" [...], demanda "revolucionários dispostos ao sacrifício e claros em seus objetivos" [...]. Sob a cobertura de uma apologia de Lênin [...] Lukács critica *História e consciência de classe* e suas velhas simpatias por Rosa Luxemburgo. [...] Não: necessita-se do braço forte do partido e da forte personalidade do líder comunista. Hoje não será possível deixar de experimentar um sabor amargo ao ler o estudo sobre Lênin.[22]

Mas Jung não tem em conta, por um lado, que esses traços sectários estavam presentes, e em maior medida, em *História e consciência de classe* –

---

* Vladimir Lenin, O *Estado e a revolução* (São Paulo, Expressão Popular, 2007). (N. E.)

[20] Andrew Arato e Paul Breines, *El joven Lukács y los orígenes del marxismo occidental* (trad. Jorge Aguilar Mora, México, Fondo de Cultura Económica, 1986), p. 300.

[21] Fizemos aqui uma variação irônica sobre a fórmula dos próprios autores desse estudo por demais frouxo sobre o jovem Lukács; com efeito, Arato e Braines afirmam que o "*Lenin* de Lukács mostra ao Lênin de *Lukács*"; cf. idem.

[22] Werner Jung, *Georg Lukács* (Stuttgart, Metzler, 1989), p. 103.

sobretudo, no último artigo do livro –; por outro, que em *Lênin* a ênfase sobre a disciplina se encontra contrabalançada por repetidas e enfáticas exortações para que os revolucionários não percam o contato com o conjunto da classe. Com efeito, Lukács insiste sobre a importância de o partido realizar a seleção mais estrita de seus membros "em relação à clareza da consciência de classe e à dedicação incondicional à causa da revolução", mas diz também que tal seleção

> tem de ser conjugada com a completa fusão à vida das massas que sofrem e lutam. E todos os esforços para realizar o primeiro lado dessas exigências sem a realização de seu antípoda tinham necessariamente de conduzir a um enrijecimento sectário, mesmo daqueles grupos formados por bons revolucionários.[23]

Também sustenta que o partido alcançará seus objetivos "se, nessa luta, ele estiver sempre um passo à frente das massas em luta, a fim de lhes indicar o caminho a ser percorrido", mas acrescenta que ele "jamais [deve] se distanciar mais do que um passo, para se manter sempre como o líder da luta"[24]. Essa aproximação do revolucionário com o conjunto da classe é algo que o autor do opúsculo celebra na teoria e na práxis de Lênin, em quem vê uma superação da antítese entre sectarismo e espontaneísmo.

Um elemento central do livro, curiosamente esquecido pelos comentários críticos, é a dimensão a que se alude no subtítulo: a unidade (*Zusammenhang*) do pensamento leniniano. Ao falar de *unidade*, Lukács destaca uma conexão entre teoria e práxis que falta em outros grandes representantes do movimento revolucionário do começo do século XX. Rudolf Hilferding, com O *capital financeiro* (1910), e Rosa Luxemburgo, com *A acumulação do capital* (1913), haviam compreendido antes de Lênin a metamorfose sofrida pelo capitalismo a partir da plena decomposição do período liberal e o ingresso na etapa monopólica. Mas, segundo Lukács, só Lênin conseguiu enlaçar completa e concretamente a teoria econômica do imperialismo com todas as questões políticas do presente. E isso se deve ao fato de que o líder bolchevique soube reconhecer as inclinações essenciais da época por detrás das aparências enganosas: a totalidade por detrás dos fenômenos isolados. Como em *História e consciência de classe*, sublinha-se aqui a importância

---

[23] Ver p. 54.
[24] Idem.

que a categoria da totalidade possui para o materialismo dialético; mas, em comparação com o livro imediatamente anterior, *Lênin* circunscreve essa perspectiva metodológica a um aspecto central: o reconhecimento do caráter geral de toda a era marcada, do ponto de vista dos capitalistas, pela expansão imperialista e pelas guerras mundiais; do ponto de vista do proletariado, pela atualidade da revolução. Se a teoria leniniana é, nas palavras de Lukács, "*a teoria da situação mundial concreta provocada pelo imperialismo*" e se seu objetivo, ao examinar a essência do capitalismo monopólico, é indagar "essa situação concreta mundial e a divisão de classes que daí surge"[25], a fim de ser totalmente coerente devia enlaçar essa compreensão teórica com "o problema fundamental de nosso tempo: a revolução que se aproxima"[26] e analisar cada fato isolado no marco total de uma época caracterizada como *essencialmente* revolucionária. A capacidade para conectar a teoria e a prática revolucionárias, bem como a situação isolada e a condição geral de toda obra, é um atributo que une Lênin a Marx e que o diferencia dos marxistas vulgares. Estes, na medida em que desgarram a unidade entre teoria e práxis e consideram as situações particulares isoladamente, na medida em que não estão dispostos a admitir a atualidade da revolução como propriedade substancial de toda a época imperialista, veem nas crises do capitalismo circunstâncias transitórias, meras interrupções do curso normal da vida sob o capitalismo; nas palavras de Lukács:

> aos olhos do marxista vulgar, as bases da sociedade burguesa são tão inabaláveis que, mesmo nos momentos em que sofrem um abalo mais visível, ele deseja apenas o retorno a sua situação "normal", vê em suas crises episódios passageiros e considera tal luta uma revolta temerária e irracional contra o capitalismo inexpugnável.[27]

Vemos reeditadas aqui as anteriores – e justificadas – críticas ao oportunismo; também as expectativas postas na parúsia de uma revolução mundial. À luz dessas esperanças utópicas, duramente desmentidas pela realidade histórica, explica-se a continuada insistência sobre a necessidade de preservar incorrupta a consciência de classe do proletariado; antes de tudo porque, para Lukács, o capitalismo monopólico

---

[25] Ver p. 63.
[26] Ver p. 31.
[27] Idem.

criou uma situação mundial na qual o proletariado se vê obrigado a optar entre o assassinato de seus companheiros de classe em benefício da burguesia (a guerra mundial) e a criação de uma frente ampla de lutas de todas as classes oprimidas contra a ordem burguesa (a guerra civil revolucionária). E, de acordo com o autor de *Lênin*: "qual desses dois destinos está reservado ao proletariado depende da visão que ele tem de sua situação histórica, de sua consciência de classe"[28]. Diante desse pano de fundo se entendem também as advertências ao perigo que representam as chamadas *aristocracias operárias*, que, através de sua ascensão a um estilo de vida pequeno-burguês, da ocupação de posições vantajosas na burocracia partidária e sindical ou da obtenção de postos político-administrativos, contribuem para obscurecer a consciência de classe de todos os trabalhadores e os induzem a entrar em uma aliança implícita com a burguesia. Mas se observam em *Lênin* um debilitamento do rigorismo ético e um anúncio do posterior realismo lukacsiano. Isso pode ser percebido já no emprego da fórmula, impensável no Lukács anterior, da *realpolitik revolucionária*. Como nos escritos precedentes, segue-se questionando aqui qualquer intento de sacrificar os interesses genuínos da classe – sua missão histórico-universal – em nome de uma *realpolitik* oportunista; torna-se, assim, compreensível que no opúsculo caia por terra "a lenda de Lênin como 'sagaz realista político', como 'mestre dos compromissos' [...], e [revele-se] para nós o verdadeiro Lênin, o coerente edificador da dialética marxista"[29]. Neste Lukács de 1924 começa a se romper a rigidez dogmática e insinua-se a busca por um *tertium datur** para os extremos igualmente antidialéticos da prática e a condenação intransigente dos compromissos. Algumas frases de *Lênin* soam como autocríticas à anterior insistência ultraesquerdista do filósofo húngaro na recusa de toda participação nas práticas e instituições da ordem burguesa; assim, por exemplo, diz que,

> na recusa de qualquer compromisso, há uma *evasão diante das lutas decisivas*, que, na base dessa visão, encontra-se um *derrotismo em relação à revolução*. A autêntica situação revolucionária – e tal é, segundo Lênin, o traço fundamental de nossa época – mostra-se no fato de não haver nenhum

---

[28] Ver p. 68.
[29] Ver p. 93.
* Ver nota na p. 107. (N. E.)

campo da luta de classes que não apresente possibilidades revolucionárias (ou contrarrevolucionárias).[30]

Em consonância com essas (auto)críticas ao dogmatismo inicial está a expressa condenação de qualquer intento de encontrar nos discursos e ações de Lênin receitas e instruções aplicáveis a casos específicos: o líder bolchevique não ofereceu verdades universais, mas atuou sobre as bases de uma análise concreta de cada situação concreta e de uma consideração dialética da história. Sugestivo, à luz das posições lukacsianas anteriores, é que o autor do opúsculo condene as generalizações mecânicas dos sinais de Lênin, dos quais poderia unicamente derivar um "leninismo vulgar", a saber: uma imagem grotescamente distorcida do original.

Outra contribuição importante de Lênin – e desafiando aqueles que gostariam de ver neste estudo um sinal da adaptação de Lukács o stalinismo em germe – é a defesa dos conselhos operários como uma estrutura organizativa que já nasce no seio da sociedade burguesa como *contragoverno*, mas apontando para além do capitalismo. Ao postular a necessária união de Estado proletário e conselhos operários, Lukács procura superar a antítese entre social-democracia e ultraesquerdismo; ao mesmo tempo (e com relação a isso), queria evitar tanto a progressiva dissolução dos conselhos como resultado de sua falta de consolidação em instituições quanto a absorção de sua viva dinâmica nas estruturas estatais. Gareth Stedman Jones indicou que outro aspecto fundamental de *Lênin* é a relação que aqui se estabelece entre partido e classe, a qual representa um avanço com relação ao idealismo de *História e consciência de classe*:

> O partido cuja função é guiar a classe trabalhadora para a revolução socialista é uma entidade bastante diferente do sombrio demiurgo de *História e consciência de classe*. Em lugar de uma alternância maniqueísta entre partido e classe, Lukács desenvolve agora uma teoria do partido autenticamente próxima das concepções de Lênin, tanto em sua ênfase sobre a necessidade de uma máxima coerência e disciplina *internas* quanto sobre a máxima preocupação em estabelecer as alianças mais amplas possíveis entre os explorados. Sobretudo, o partido já não é simplesmente uma vanguarda que desperta as massas de uma sonolenta letargia: escuta as massas e aprende com elas, em uma permanente dialética entre partido e classe.[31]

---

[30] Ver p. 96.
[31] Gareth Stedman Jones, "The Marxism of the Early Lukács", em *Western Marxism – a Critical Reader* (Londres, NLB, 1978), p. 52.

Cabe chamar a atenção também para uma peculiaridade do opúsculo que seria injusto deixar de mencionar: a estilística. As obras tardias de Lukács, para além de seu deslumbrante brilho, estão compostas em uma prosa descuidada e monótona; como assinalou seu amigo Míjail Lifschits com certa acrimônia, uma comparação entre as obras de juventude e "os trabalhos dos últimos anos, que ele [Lukács] ditava, após o que só introduzia algumas leves correções", mostra até que ponto há no período de maturidade uma desconsideração pela escrita em cuja base vê o crítico russo "traços de autonegação, de renúncia"[32]. Como vários dos artigos de *História e consciência de classe*, *Lênin* está escrito em um estilo lacônico e preciso, por vezes aforístico, que em mais de um aspecto antecipa Guy Debord, de *A sociedade do espetáculo*, o qual tanto reverenciava, justamente, o Lukács desse período.

O posfácio de 1967, para a reedição de *Lênin*, distancia-se explicitamente do opúsculo de 1924. Mas é sugestivo que Lukács encontre em seu escrito de juventude muito menos falhas a objetar que em *História e consciência de classe*. Em qualquer caso, resultam perceptíveis, no comentário de velhice, tanto os afãs intelectuais que o ocupavam durante a composição da *Ontologia* como – em um plano mais manifestamente político – o renovado interesse em promover a atividade autônoma das massas contra o burocratismo imperante nos blocos ocidental e oriental. Redigido nesse contexto histórico e pessoal, o posfácio insiste na recusa das tendências economicistas e voluntaristas e ratifica a necessidade de que o intelectual e o militante marxistas descubram os autênticos fundamentos sociais *na própria objetividade histórico-social*; não é em vão que se sustenta aqui que, de acordo com a metodologia de Lênin, "o posicionamento subjetivo nasce sempre da realidade objetiva e retorna a ela"[33]. Lukács também identifica a teoria e a práxis leniniana com a retirada de todo entusiasmo ou indignação moralizantes e com uma exploração contínua e firme do ser-precisamente-assim da realidade objetiva, a fim de reconhecer dentro dela as possibilidades para uma ação subjetiva:

> De modo que o critério que distingue a verdade como base da práxis e a fraseologia revolucionária consiste no fato de que a primeira deriva teoricamente do ser-precisamente-assim da situação revolucionária necessária e possível numa dada

---

[32] Míjail Lifschits, "Vorwort", em *Die dreißiger Jahre – ausgewählte Schriften* (Dresden, Verlag der Kunst, 1988), p. 15.
[33] Ver p. 108.

época, o que não ocorre com a segunda. O mais nobre sentimento, a mais desinteressada devoção tornam-se fraseologias se a essência teórica da situação (seu ser-precisamente-assim) não permite uma práxis revolucionária.[34]

Lênin, segundo Lukács, procura desenvolver sua práxis revolucionária sem se deixar dominar facilmente por esperanças ou temores – e aqui é reveladora a alusão a Spinoza; o líder bolchevique se encontra além de qualquer otimismo ou pessimismo transitórios, aqueles que revelam uma interpretação superficial, meramente conjuntural da realidade histórica. Lukács estimava que fosse um traço característico dos esquerdistas a oscilação entre um otimismo apaixonado e um esmagador pessimismo; já em 1925 questionou o voluntarismo que conduzia Lassalle a flutuar entre o furor entusiasta e "frequentes depressões":

> As depressões se intensificavam, de vez em quando, a tal ponto que Lassalle desejava afastar-se do movimento. Em que medida esses desejos tinham se convertido em ação é algo que não podemos determinar; e, assim, não podemos julgar ainda hoje verdadeiramente quão fundas ou superficiais foram essas depressões; Marx, ou Bebel, ou Lênin (para mencionar diferentes personalidades correspondentes ao tipo contrário) não conheceram em absoluto tais estados de ânimo.[35]

A identificação com aqueles homens que, como Marx ou Lênin, perseguem seus objetivos últimos sem se deixar desalentar ou entusiasmar pelos vaivéns circunstanciais explica esse peculiar conceito de *realismo* que recorre à obra madura e tardia de Lukács. Este, em um estudo redigido em 1929-1930, mas publicado pela primeira vez em 2003, afirma:

> O grande realista pode reagir negativamente no plano político, moral etc. a muitos fenômenos de sua época e à evolução histórica; mas, em um sentido determinado, está enamorado da realidade, considerando-a sempre com os olhos de um enamorado – ainda que, eventualmente, escandalizado ou indignado.[36]

Lukács acreditava que, inclusive sob as circunstâncias mais desfavoráveis, existe um âmbito de jogo para a atividade humana, ainda quando dessa convicção não se deva inferir a necessária realização das tendências emancipató-

---

[34] Ver p. 110.
[35] György Lukács, "La nueva edición de las cartas de Lassalle", em *Táctica y ética. Escritos tempranos (1919-1929)*, cit., 158.
[36] György Lukács, "Was ist das Neue in der Kunst? (1939-1940?)", em Frank Benseler e Werner Jung (eds.), *Lukács 2003. Jahrbuch der Internationalen Georg-Lukács-Gesellschaft* (Bielefeld, Aisthesis, 2003), p. 44.

rias. Trata-se tão só – para empregar uma fórmula enunciada no posfácio – de estar sempre preparado para a ação correta; o que, no fundo, equivale a dizer: trata-se de realismo.

De modo a encerrar essas observações sobre *Lênin* e as relações entre Lukács e Lênin, seria oportuno adicionar um comentário a respeito de outro importante escrito do filósofo húngaro dedicado ao grande líder bolchevique: o artigo "Lênin e as questões do período de transição" (1968). Fruto de uma vida inteira de compromisso com o pensamento marxista e o movimento revolucionário, mas também das circunstâncias políticas e intelectuais em que se encontrava o autor naquele momento, o artigo revela o interesse pela vida cotidiana que assinalamos no começo desta apresentação como traço decisivo da obra tardia. Lukács destaca a capacidade de Lênin de sempre ter em vista "a inteira vida cotidiana dos homens" e assinala que, para o líder russo, "a tarefa da democracia no socialismo" consistia em "permear de maneira concreta a inteira vida material de todos os homens, expressar sua sociabilidade como produto da própria atividade de todos os homens, desde a vida cotidiana até as questões decisivas da sociedade"[37]. Alheia a qualquer formalismo, a autêntica democracia socialista não supõe a aplicação de receitas já codificadas, mas sim a exploração do novo; isso é válido tanto para os pequenos dilemas colocados pela vida diária como para os assuntos centrais de toda a vida social, pois "as grandes decisões históricas, as resoluções revolucionárias, não são criadas nunca de forma 'puramente teórica' no gabinete de estudo dos eruditos"[38]. Crítica manifesta à rigidez de suas próprias posições de juventude, essa observação encerra, ao mesmo tempo, um estímulo para tornar favorável uma prática experimental aberta para a compreensão e a busca do novo. Essa disposição exploratória, "ensaística", é para Lukács a mesma que havia incorporado em seu pensamento e sua prática políticos o autor de O *Estado e a revolução*; sua metodologia se funda na

> consciência daquele que experimenta intelectualmente em circunstâncias cujo caráter teórico-legal não chegou ainda a manifestar-se nem de longe. Cremos, portanto, que a citação de Napoleão reproduzida por Lênin: "*On s'engage et puis... on voit*" [Primeiro se entra em combate, depois... se vê] representa uma ideia

---

[37] György Lukács, "Lenin und die Fragen der Übergangsperiode", em *Georg Lukács zum 13 April 1970 (Goethepreis)* (Neuwied e Berlim, Luchterhand, 1970), p. 82.
[38] Ibidem, p. 72.

que ainda hoje poderia implicar um bom contrapeso metodológico para muitas fantasias planificadoras que, por seu caráter abstratamente apodítico [...], se encontram muito distantes da previsão concreta de tendências da realidade.[39]

O fato de ter se concentrado sempre na específica questão que tinha diante de si, no lugar de limitar-se a repetir fórmulas genéricas, distingue Lênin de outros intelectuais e dirigentes, e explica que tenha sido capaz de perceber o que havia de novo na situação revolucionária na Rússia. Mas também justifica que entre as principais preocupações de Lênin se encontrava o temor de que a exploração do novo se veria anulada pelo peso paralisador da burocracia. E esta se encontra nos antípodas da democratização promovida pelo velho Lukács, na medida em que implica conter as possibilidades de ação dinâmica abertas no presente em função de rituais e doutrinas ligados ao passado. Daí que o filósofo assegure, com referência às inquietações de Lênin, durante seus últimos anos de vida, ante a intensificação das práticas burocráticas:

> Seu combate apaixonado contra as tendências burocráticas não se baseia tão somente no fato de que ele havia observado desde cedo de maneira muito crítica a impotência última da manipulação burocrática, mas também [...] na compreensão de que toda burocratização encerra necessariamente a tendência a consolidar a primazia do passado sobre o presente, através da rotina que deriva de uma práxis determinada.[40]

Mas a ascensão do novo não impediu que Lênin reconhecesse que isso é geralmente a consumação de tendências de extenso desenvolvimento histórico. O líder político que, seguindo os passos de Marx, afirma que o marxismo deve boa parte de sua superioridade à aptidão para apropriar-se e reelaborar tudo o que havia de valioso no milenar desenvolvimento da cultura humana descobre em tal sentido um razoável elogio em Lukács, que encontrava no método de Lênin a impugnação prática do utopismo:

> A autêntica refutação metodológica de todo utopismo se baseia justamente nesta concepção de uma continuidade histórico-universal: nos utopistas, é introduzido no mundo algo radicalmente novo com relação às leis da razão; no marxismo, ao contrário, a evolução sócio-histórica vira, em determinados pontos de mudança, em direção ao novo, com o qual não deve surgir no mundo [...] nada até o momen-

---

[39] György Lukács, "Lenin und die Fragen der Übergangsperiode", cit., p. 80.
[40] Ibidem, p. 84.

to inexistente; antes, certas atitudes, modos de comportamento humanos etc., que até então só puderam realizar-se como "exceções", sem exercer nenhuma influência, alcançam uma universalidade que abarca toda a sociedade.[41]

A celebrada abertura para o desconhecido e novo é também colocada por Lukács, a propósito de Lênin, em relação a um dos motivos centrais de seu pensamento: a reflexão sobre a pedagogia. Lukács destaca aqui que o órgão da autoeducação do homem para uma humanidade autêntica é a *democracia socialista* e que dela deriva não só a educação do povo, mas também – em consonância com a terceira das Teses sobre Feuerbach*, de Marx, – a educação do educador, incluindo aqui os líderes da revolução socialista, que devem estar preparados para um aprendizado constante. Esse imperativo de autoensinamento se dirige, por um lado, contra a crença mecanicista em que as soluções surgem de forma espontânea como resultado necessário do desenvolvimento da produção, mas também, por outro, "contra todo utopismo que crê que toda evolução humana pode ser conduzida a um estado perfeito, para além de toda problemática, mediante alguma compreensão artificialmente fabricada e supostamente superior"[42]. Essa disposição contínua para aprender com a realidade visando transformá-la, mas também visando transformar o próprio sujeito, é o que o autor da *Ontologia do ser social*, em seus últimos anos de vida, quis destacar como legado substancial da vida e da obra de Lênin.

Miguel Vedda
Janeiro de 2012

---

[41] Ibidem, p. 86.
* Karl Marx, "*Ad* Feuerbach", em Karl Marx e Friedrich Engels, *A ideologia alemã* (São Paulo, Boitempo, 2007), p. 533. (N. E.)
[42] György Lukács, "Lenin und die Fragen der Übergangsperiode", cit., p. 76.

De acordo com L. Leonidov, fotógrafo do Kremlin, esta foto foi tirada em 1919. Lênin gravava um discurso no fonógrafo, que começou assim: "Quando eu falei por rádio com o camarada Rádio...". Percebendo o erro, tentou corrigir: "... com o camarada Rádio Kun" (em vez de Béla Kun)... Em seguida, irrompeu em gargalhadas.

Prefácio

As poucas observações que se seguem não têm a pretensão de tratar exaustivamente da teoria e da práxis de Lênin. Procuram apenas apontar em linhas gerais a unidade entre essa teoria e essa práxis a partir do sentimento de que tal unidade justamente ainda não está clara o bastante, nem mesmo na consciência de muitos comunistas. Um tratamento a fundo desses problemas não só exigiria uma amplitude temática muito maior do que a que se encontra nestas páginas, como também é verdade que tal exposição da totalidade da obra de Lênin ainda carece de um material suficientemente completo para sua realização, o que vale sobretudo para aqueles que têm acesso à literatura russa apenas por meio de traduções. A história de Lênin deve ser situada no mínimo no contexto histórico dos últimos trinta ou quarenta anos. Esperamos que uma exposição digna dessa história não tenha de esperar muito tempo. O próprio autor destas observações sente do modo mais premente quão difícil é tratar de problemas singulares, antes que o todo a que eles pertencem esteja esclarecido; quão difícil é popularizá-los, antes que estejam estabelecidos científica e impecavelmente. Por essa razão, não buscamos abranger a completude dos problemas que se manifestaram na vida de Lênin, tampouco conservamos sua exata sucessão histórica. A escolha desses problemas, bem como sua sucessão e sua causalidade, obedeceu exclusivamente ao propósito de apresentá-los em sua unidade do modo mais claro possível. É evidente que as citações seguem o mesmo propósito, não se pautando pela exatidão cronológica.

Viena, fevereiro de 1924

1. A atualidade da revolução

O materialismo histórico é a teoria da revolução proletária. Assim é porque sua essência é o resumo ideal daquele ser social que produz o proletariado, determina a totalidade do ser do proletariado; porque, nele, o proletariado em luta por sua libertação encontra uma clara autoconsciência. A grandeza de um pensador proletário, de um representante do materialismo histórico, é medida, por isso, pela profundidade e pela amplitude da visão que ele tem desses problemas. Pela intensidade com que é capaz de entrever corretamente, por trás dos fenômenos da sociedade burguesa, aquelas tendências que vão em direção à revolução proletária, as quais, no interior e por intermédio dessa sociedade, alcançam a plena eficácia de seu ser e revelam-se como consciência clara.

Medido por esse padrão, Lenin é o maior pensador que o movimento revolucionário dos trabalhadores concebeu desde Marx. É verdade que os oportunistas, que não podem mais sussurrar ou calar diante do fato de seu significado, dizem que Lenin foi um grande político russo. Para chegar a líder do proletariado mundial, ter-lhe-ia faltado a visão da diferença entre a Rússia e os países do capitalismo mais desenvolvido; ele teria generalizado acriticamente – e essa teria sido sua limitação no plano histórico – as questões e as soluções da realidade russa, aplicando-as ao mundo inteiro.

Eles não se lembram – o que hoje caiu no esquecimento, e com razão – que a mesma acusação foi lançada também contra Marx em sua época. Diziam que Marx havia declarado acriticamente suas considerações sobre a vida econômica e a fábrica inglesas como leis universais da evolução social; e que tais considerações, mesmo corretas em si, tornavam-se falsas quando distorcidas em leis universais. Hoje, é supérfluo contestar em detalhes esse equívoco, argumentar que Marx não "generalizou" de modo algum experiências singulares, limitadas no tempo e no espaço. Que o que ele fez foi detectar, tanto teórica quanto historicamente – e segundo um método de trabalho próprio dos grandes gênios históricos e políticos –, no microcosmo da fábrica inglesa, em seus pressupostos, em suas condições e em suas consequências sociais, nas tendências históricas que conduzem ao seu surgimento e naquelas que tornam sua existência problemática, o macrocosmo do capitalismo em sua totalidade.

É isso que diferencia o gênio do mero burocrata na ciência ou na política. Este pode compreender e distinguir apenas os momentos imediatamente dados – e separados uns dos outros – do acontecimento social. E quando quer chegar a conclusões universais, não faz mais do que apreender e aplicar como "leis gerais" – de modo verdadeiramente abstrato – certos aspectos de um fenômeno limitado no tempo e espaço. Ao contrário, o gênio – para quem se tornou clara a essência verdadeira de uma época, sua tendência principal, viva e efetiva – vê por trás do conjunto dos eventos de seu tempo a vigência dessa tendência e trata dessas questões decisivas de toda a época, mesmo quando pretende tratar apenas dos problemas mais imediatos do presente.

Hoje, sabemos que a grandeza de Marx estava precisamente nisso. Ele identificou e esclareceu, na estrutura da fábrica inglesa, todas as tendências decisivas do capitalismo moderno. Tendo sempre diante dos olhos a totalidade do desenvolvimento capitalista, Marx pôde vislumbrar seu conjunto em cada um de seus fenômenos e, em sua estrutura, pôde observar seu movimento.

Contudo, poucos sabem hoje que Lênin realizou em relação a nossa época o mesmo que Marx fez em relação à totalidade do desenvolvimento do capitalismo. Ele teve sempre em vista nos problemas do desenvolvimento da Rússia moderna – desde a questão do surgimento do capitalismo a partir de um sistema absolutista semifeudal até os problemas da realização do socialismo num país agrário atrasado – os problemas de toda a época: *a entrada da Rússia na última fase do capitalismo e a possibilidade de utilizar a luta decisiva – que lá se tornara inevitável – entre burguesia e proletariado em favor deste e para a salvação da humanidade.*

Lênin jamais generalizou – tampouco Marx – as experiências russas locais, limitadas no tempo ou no espaço. Mas, com o olhar do gênio, reconheceu de pronto, no local e no momento de sua primeira manifestação, o problema fundamental de nosso tempo: a revolução que se aproxima. Então compreendeu e tornou compreensível, a partir da perspectiva da atualidade da revolução, todos os fenômenos, tanto russos quanto internacionais.

A *atualidade da revolução: essa é a ideia principal de Lênin* e, ao mesmo tempo, o ponto que o liga decisivamente a Marx. Pois o materialismo histórico, como expressão conceitual da luta de libertação do proletariado, só podia ser concebido e formulado também em sentido teórico num momento em que sua atualidade prática já havia sido posta na ordem do dia da história. Num momento em que, nas palavras de Marx, a miséria do proletariado passava a evidenciar não mais a miséria propriamente dita, mas aquele aspecto revolucionário "que descartará a velha sociedade"*. É claro que o olhar impassível do gênio também foi necessário para que a atualidade da revolução proletária pudesse ser vislumbrada. Para os homens medianos, a revolução proletária só se torna visível quando as massas trabalhadoras já se encontram em luta nas barricadas. E, caso esse homem mediano tenha sido instruído pelo marxismo vulgar, sua situação é ainda pior. Aos olhos do marxista vulgar, as bases da sociedade burguesa são tão inabaláveis que, mesmo nos momentos em que sofrem um abalo mais visível, ele deseja apenas o retorno a sua situação "normal", vê em suas crises episódios passageiros e considera tal luta uma revolta temerária e irracional contra o capitalismo inexpugnável. Para ele, os combatentes nas barricadas são homens perdidos, a revolução derrotada é um "erro" e os construtores do socialismo numa revolução vitoriosa – aos olhos dos oportunistas, não mais do que provisoriamente – são até mesmo criminosos.

Portanto, o materialismo histórico tem como pressuposto – já como teoria – a atualidade histórico-mundial da revolução proletária. Nesse sentido, como base objetiva de toda a época e, ao mesmo tempo, como ponto de vista de seu entendimento, ela constitui o ponto central da doutrina marxiana. No entanto, apesar dessa limitação, que se expressa na forte recusa de todas as ilusões infundadas, na condenação rigorosa de todas as tentativas de

---

* *Miséria da filosofia* (São Paulo, Expressão Popular, 2009). Aqui, em tradução livre. Como ao longo de toda esta obra, Lukács não fornece as referências da citação. (N. E.)

Putsch*, a interpretação oportunista prende-se aos assim chamados erros das previsões de Marx, a fim de, por meio desse desvio, extirpar total e radicalmente a revolução da estrutura geral do marxismo. E aqui o caminho dos defensores "ortodoxos" de Marx coincide com o de seus "críticos". Kautsky responde a Bernstein que a decisão sobre a ditadura do proletariado pode ser tranquilamente deixada para o futuro (um futuro muito distante).

Nesse ponto, Lênin *restabeleceu a pureza da doutrina marxiana*, captando-a, no que lhe diz respeito, de modo mais claro e concreto. Não que ele tenha tentado de algum modo aperfeiçoar Marx. Ele apenas introduziu na doutrina a progressividade do processo histórico desde a morte de Marx. E isso significa que, a partir de então, a atualidade da revolução proletária deixou de ser apenas um horizonte histórico mundial, aberto sobre a classe trabalhadora em luta por sua libertação, para ser colocada na *ordem do dia do movimento operário*. Lênin podia suportar com tranquilidade a acusação de blanquismo** etc. que essa postura lhe valeu. E isso não apenas porque estava em boa companhia – já que era obrigado a compartilhar tal acusação com Marx, ou com "certos aspectos" de Marx –, mas também porque não ganhara essa boa companhia imerecidamente. Por um lado, nem Marx nem Lênin jamais conceberam a atualidade da revolução proletária e de seus objetivos finais como se essa revolução pudesse ocorrer a qualquer momento e de qualquer modo. Mas, por outro lado, a atualidade da revolução fornecia, para ambos, um padrão de medida seguro para a tomada de decisão em todas as questões do presente. A atualidade da revolução determina o tom de toda uma época. Somente a relação das ações singulares com esse centro, que só pode ser encontrado pela análise detalhada do todo sócio-histórico, torna revolucionárias ou contrarrevolucionárias as ações singulares. A atualidade da revolução significa, portanto, tratar cada questão do presente no contexto concreto do todo sócio-histórico, vê-la como momento da libertação do proletariado. O aprimoramento que o marxismo recebeu com Lênin consiste meramente – meramente! – na ligação mais interna, visível e plena

---

*   Golpe de Estado promovido por um pequeno grupo, mediante conspiração secreta. (N. T.)
** Alusão ao movimento liderado pelo revolucionário francês Louis Auguste Blanqui (1805-
    -1881), que a partir de 1830 passou a organizar uma rede de sociedades secretas dedicadas à
    insurreição. Ficou por 33 anos na prisão, onde em 1871 elegeu-se presidente da Comuna de
    Paris. Foi libertado em 1879. (N. E.)

de consequências das ações singulares com o destino revolucionário de toda a classe trabalhadora. Significa apenas que a questão do presente – já como questão do presente – tornou-se, ao mesmo tempo, um problema fundamental da revolução.

O desenvolvimento do capitalismo pôs a revolução proletária na ordem do dia. A chegada dessa revolução não foi vista apenas por Lênin. No entanto, ele se diferencia não só daqueles que fugiram covardemente da luta – enquanto ele mostrava toda a sua coragem, seu comprometimento e sua capacidade de sacrifício – no instante em que a revolução proletária – anunciada teoricamente por eles mesmos como atual – tornou-se uma realidade prática atual, como também se diferencia, por sua clareza teórica, dos melhores, dos mais inteligentes e dedicados revolucionários entre seus contemporâneos. Mesmo estes últimos só tomaram conhecimento da atualidade da revolução proletária sob a forma em que ela se manifestou para Marx em seu tempo: como problema fundamental de toda a época. Mas eles foram incapazes de transformar esse conhecimento correto – de uma perspectiva histórico-mundial, mas apenas dessa perspectiva – num fio condutor seguro para o tratamento do conjunto das questões do presente: questões políticas e econômicas, teóricas e táticas, de agitação e organização. Esse passo no sentido da concretização do marxismo, que se tornava eminentemente prático, foi dado apenas por Lênin. Por isso, ele é – em sentido histórico-mundial – *o único teórico à altura de Marx* até agora produzido no interior da luta de libertação proletária.

2. O proletariado como classe dirigente

A insustentabilidade das condições russas já havia se mostrado muito tempo antes do verdadeiro desenvolvimento do capitalismo e da existência de um proletariado industrial. Já desde muito cedo a dissolução do feudalismo agrário e a implantação do absolutismo burocrático haviam se tornado não apenas fatos incontestáveis da realidade russa, como também haviam produzido, na turbulência do campesinato e no revolucionamento da chamada intelectualidade marginal, camadas sociais que, embora de modo ainda um tanto confuso, conturbado e elementar, levantavam-se de tempos em tempos contra o czarismo. É claro que a evolução do capitalismo – por mais que seus fatos e seu significado permanecessem ocultos, mesmo para os observadores mais perspicazes – tinha de aumentar fortemente essa desintegração e suas consequências ideológicas. Na segunda metade do século XIX, tornou-se necessariamente cada vez mais óbvio que a Rússia, que em 1848 ainda era o mais seguro baluarte da reação europeia, aproximava-se de uma revolução. A questão era apenas: que caráter teria essa revolução? E, em estreita relação com isso: que classe deveria desempenhar nela o papel dominante?

É compreensível que, para as primeiras gerações dos revolucionários, essas questões ainda fossem muito vagas. E, sobretudo, que os grupos que se erguiam contra o czarismo fossem vistos como algo unitário: o povo. A ramificação em intelectuais e trabalhadores braçais não podia permanecer oculta, é verdade, porém ela não tinha nenhum peso decisivo, pois ainda não era possível que o "povo" tivesse uma fisionomia classista definida e, entre os intelectuais, apenas os revolucionários verdadeiramente sinceros haviam aderido ao movimento – revolucionários para os quais permanecia inabalável a consciência do dever de se dedicar ao "povo" e servir apenas aos seus interesses.

Em todo caso, o desenvolvimento da Europa não podia deixar de influenciar o curso dos acontecimentos, inclusive nessa fase do movimento revolucionário, e, por conseguinte, a perspectiva histórica a partir da qual os revolucionários avaliavam tais acontecimentos. Era inevitável então que surgisse a questão: o desenvolvimento europeu e o desenvolvimento do capitalismo são um destino inexorável também para a Rússia? Também a Rússia teria de passar pelo inferno do capitalismo para encontrar sua salvação no socialismo? Ou ela poderia, em consequência das peculiaridades de sua condição, das comunas aldeãs que nela ainda se conservavam, saltar esse estágio evolutivo e passar diretamente do comunismo primitivo para o comunismo desenvolvido?

Na época, a resposta a essa questão não era tão evidente quanto parece hoje. O próprio Engels respondia o seguinte em 1882: se uma revolução russa provocar simultaneamente uma revolução proletária europeia, "a atual propriedade comum da terra na Rússia poderá servir de ponto de partida para uma evolução comunista"*.

Não podemos nem sequer esboçar uma história das lutas teóricas em torno dessa questão, mas tivemos de escolher esse problema como ponto de partida, porque foi com ele que se colocou para a Rússia a questão da classe dirigente da revolução que se anunciava. É evidente que o reconhecimento do comunismo aldeão como ponto de partida e base econômica da revolução faz do campesinato a classe dirigente da transformação social. E a revolução, em correspondência com essa base econômica e social da revolução que destoava do restante da Europa, teria de buscar uma fundamentação teórica diferente do materialismo histórico, uma vez que este não é mais do que a expressão conceitual da transição necessária do capitalismo para o socialismo que a sociedade realiza sob o comando da classe trabalhadora. A disputa com respeito à Rússia estar prestes a se desenvolver como país capitalista, ao capitalismo ser passível de desenvolvimento na Rússia e, além disso, a controvérsia científico-metodológica

---

* Karl Marx e Friedrich Engels, "Prefácio à edição russa de 1882", em *Manifesto Comunista* (1. ed. rev., São Paulo, Boitempo, 2010), p. 72. (N. E.)

sobre o materialismo histórico como uma teoria universalmente válida do desenvolvimento social e, por fim, a discussão sobre qual classe social estava destinada a se tornar o verdadeiro motor da revolução russa, tudo isso gira em torno da mesma questão. São todas formas ideológicas de expressão do desenvolvimento do proletariado russo: momentos do desdobramento de sua autonomia ideológica (e também tática, organizacional etc.) em relação às outras classes da sociedade.

Trata-se de um longo e doloroso processo, pelo qual todo movimento operário tem de passar. Exclusivamente russos são apenas os problemas que dizem respeito à peculiaridade da situação das classes e à autonomia dos interesses de classe do proletariado. (Na Alemanha, a classe trabalhadora no período de Lassalle, Bebel e Schweitzer encontra-se nesse estágio, e a unidade alemã era uma das questões decisivas nessa época.) Mas esses problemas específicos e locais têm de encontrar, *como tais*, uma solução correta, caso o proletariado pretenda alcançar autonomia de ação como classe. Aqui, mesmo a melhor formação teórica não serve para nada, se permanecer limitada ao geral; para se tornar efetiva na prática, ela tem de se traduzir em solução precisamente para esses problemas específicos. (Foi por isso, por exemplo, que o brilhante internacionalista Wilhelm Liebknecht, discípulo direto de Marx, não conseguiu encontrar para essas questões específicas soluções mais frequentes e mais acertadas do que aquelas encontradas pelos lassallianos, muito mais confusos no plano puramente teórico.) Ainda exclusivamente russo é o fato de que essa luta teórica pela autonomia do proletariado, pelo reconhecimento de seu papel dirigente na revolução que se aproxima, jamais encontrou uma resolução tão clara e unívoca como a que encontrou na Rússia. Assim, o proletariado russo foi poupado, em grande medida, daquelas vacilações e retrocessos – não no desenrolar da luta de classes em que ele inevitavelmente se encontra, mas na clareza teórica e na segurança tático-organizacional do movimento operário – que podemos observar, sem exceção, em todos os países desenvolvidos. Ele pôde, ao menos em sua camada mais consciente, desenvolver-se teórica e organizacionalmente com a mesma linearidade e clareza com que sua situação objetiva de classe se desenvolvera a partir das forças econômicas do capitalismo russo.

Lênin não foi o primeiro a apreender essa luta, mas foi o único a pensar de modo radical e até o fim nesse conjunto de questões, a pôr em prática de modo radical sua visão teórica.

Lênin foi apenas um dos porta-vozes teóricos da luta contra o socialismo russo "autóctone", contra os *narodniki**. É compreensível. Sua luta teórica tinha o objetivo de comprovar o papel autônomo e dirigente do proletariado no destino iminente da Rússia. Mas como o caminho e o meio dessa discussão só podiam consistir em provar que o curso típico do capitalismo (a acumulação primitiva), desvendado por Marx, também vale para a Rússia, e que pode e deve surgir um sólido capitalismo nesse país, era natural que durante algum tempo esse debate unisse no mesmo terreno os porta-vozes da luta de classes proletária e os ideólogos do capitalismo russo em formação. A diferenciação teórica do proletariado em relação à massa do "povo" não trouxe com ela, por si só, o conhecimento e o reconhecimento de sua autonomia, de seu papel dirigente. Ao contrário. A consequência simples, mecânica e não dialética da prova de que as tendências de desenvolvimento da vida econômica russa avançam no sentido do capitalismo parece ser o reconhecimento cabal dessa realidade e até um estímulo para seu advento. E isso não apenas para a burguesia progressista, cuja ideologia transitoriamente "marxista" torna-se compreensível quando se pensa que o marxismo é a única teoria econômica que detecta a gênese do capitalismo com necessidade a partir da dissolução do mundo pré-capitalista. Essa coincidência tem antes de parecer necessária para todos os marxistas "proletários" que concebem o marxismo de modo mecânico, e não dialético. Para aqueles que não entendem – o que Marx aprendeu com Hegel e que, em sua teoria, foi desenvolvido livre de qualquer mitologia e idealismo – que o reconhecimento de um fato ou tendência como realmente existente está longe de significar que tal fato ou tendência tenha de ser reconhecido como *a efetividade que serve de medida para nossa ação*.

---

* Populistas russos, impulsionadores de um movimento socialista agrário que atuou desde a década de 1860 até fins do século XIX. Sob a influência dos escritos de Aleksandr Ivanovitch Herzen, planejaram adaptar a doutrina socialista às circunstâncias russas; tinham em vista uma sociedade na qual a soberania estaria baseada em pequenas unidades econômicas dotadas de autogestão, à semelhança das tradicionais comunas rurais russas; uma confederação livre substituiria o Estado. Em 1874, começaram a difundir sua doutrina entre os camponeses, porém não tiveram aceitação entre eles. Em 1876, formaram uma sociedade secreta – Terra e Liberdade – para promover um levante revolucionário de massas. Expulsos do campo pela polícia, foram logo dominados pela ala terrorista do movimento – A vontade do Povo, fundada em 1879 –, que cometeu vários assassinatos. Em 1881, um membro do grupo assassinou o czar Alexandre II. Em seguida, o movimento perdeu força. Em 1901, foi fundado o Partido Revolucionário Socialista, que se apresentou como herdeiro dos *narodniki*. (N. E.)

Que o dever sagrado de todo marxista autêntico consiste em observar os fatos com olhar impassível e desprovido de ilusões; mas que, para os marxistas autênticos, há sempre algo que é mais efetivo e, por isso, mais importante do que os fatos ou tendências *singulares*: a *efetividade do processo geral*, a totalidade do desenvolvimento social. Diz Lênin:

> À burguesia cabe criar trustes, mandar crianças e mulheres para as fábricas, arruinando-as, exaurindo-as e condenando-as à fome mais extrema. Não "reivindicamos" um desenvolvimento desse tipo, não o "apoiamos", mas lutamos contra ele. Porém de que modo lutamos? Sabemos que os trustes e o trabalho das mulheres nas fábricas representam um progresso. Não queremos regredir ao artesanato, ao capitalismo sem monopólio, ao trabalho doméstico das mulheres. O que queremos é avançar por meio dos trustes etc. e ultrapassá-los em direção ao socialismo!

Com isso, configura-se o sentido da solução leniniana de todo esse conjunto de questões. E disso segue-se que o reconhecimento da necessidade de um desenvolvimento capitalista na Rússia e do progresso histórico ligado a ele não significa em absoluto que o proletariado deva apoiar esse desenvolvimento. Ele tem de saudá-lo, sim, pois somente esse desenvolvimento cria o solo para o surgimento do proletariado como fator decisivo de poder. Mas também tem de saudá-lo como condição, *como pressuposto de sua verdadeira e impiedosa luta* contra o verdadeiro agente desse desenvolvimento: a burguesia.

Apenas a concepção dialética da necessidade das tendências históricas de desenvolvimento cria o ambiente teórico para a irrupção do proletariado como força autônoma na luta de classes. Pois ao afirmar simplesmente a necessidade do desenvolvimento capitalista da Rússia – como fizeram os precursores ideológicos da burguesia russa e, mais tarde, os mencheviques –, chega-se à conclusão de que a Rússia tem, antes de tudo, de completar seu desenvolvimento capitalista. O agente desse desenvolvimento é a burguesia. Somente quando esse desenvolvimento estiver em estágio muito avançado, quando a burguesia tiver varrido econômica e politicamente os resquícios do feudalismo e, em seu lugar, tiver erigido um país moderno, capitalista e democrático, somente então poderá ter início a luta de classes autônoma do proletariado. Uma irrupção prematura do proletariado com objetivos classistas definidos seria não apenas inútil – pois ele tem muito pouca importância como fator autônomo de poder nessa luta entre burguesia e czarismo –, como também prejudicial ao proletariado. Ele assustaria a burguesia, enfraqueceria sua combatividade diante do czarismo e a lançaria diretamente nos braços deste último. De modo que, por enquanto, o proletariado deveria ser considerado apenas uma tropa de apoio da burguesia progressista na luta por uma Rússia moderna.

Embora isso não estivesse plenamente esclarecido nas discussões da época, é claro que toda essa controvérsia se encontrava na base da questão da atualidade da revolução. E que o caminho daqueles participantes da disputa que não eram ideólogos da burguesia bifurcava-se de acordo com seu entendimento da revolução, ou como um problema atual e premente do movimento operário, ou como um distante "fim último" sem nenhuma influência determinada sobre as decisões do presente. Decerto é mais do que duvidoso afirmar que o ponto de vista menchevique, ainda que fosse possível assentir na validade de sua perspectiva histórica, poderia ter resultado aceitável para o proletariado. E que semelhante postura de adesão fiel à burguesia não teria resultado no obscurecimento da consciência de classe do proletariado a ponto de tornar ideologicamente impossível ou, ao menos, dificultar em grande medida seu desvencilhar-se da burguesia, seu agir autônomo como classe, precisamente num momento histórico em que até mesmo a teoria menchevique considerava favorável esse agir. (Basta pensar no movimento operário inglês.) É evidente que essa suposição é quase ociosa, pois a dialética da história, que os oportunistas tentaram eliminar do marxismo, tem de continuar a atuar neles de modo eficaz, contra a sua vontade. Ela os empurra para o campo da burguesia, e o momento da irrupção autônoma do proletariado é deslocado por eles para a distância nebulosa de um futuro que nunca se torna presente.

A história deu razão a Lênin e aos poucos arautos da atualidade da revolução. A aliança com a burguesia progressista, que já se mostrara uma ilusão na época das lutas pela unidade alemã, só teria sido fecunda se o proletariado, como classe, tivesse podido seguir a burguesia até – e inclusive – em sua aliança com o czarismo. Pois da atualidade da revolução proletária segue-se que a burguesia deixou de ser uma classe revolucionária. É verdade que o processo econômico – cujo agente e usufrutuário continua a ser a burguesia – representa um progresso em relação ao absolutismo e ao feudalismo. Mas esse caráter progressista da burguesia foi, por sua vez, dialeticamente transformado. Em outras palavras, enfraqueceu-se o vínculo necessário entre as condições econômicas de existência da burguesia e as reivindicações da democracia política, o Estado de direito etc., que foram realizadas, ainda que parcialmente, na grande Revolução Francesa sobre as ruínas do absolutismo feudal. A revolução proletária, cada vez mais próxima, torna possível, por um lado, *uma aliança entre a burguesia e o absolutismo feudal*, visando garantir as condições econômicas de existência e crescimento da burguesia e, ao mesmo tempo, conservar o predomínio político das velhas potências, e, por outro lado, *a burguesia, assim decaída ideologicamente, deixa para a revolução proletária a tarefa de realizar suas antigas exigências revolucionárias*. Por mais problemática que seja essa aliança entre a burguesia e as velhas potências, na medida em que não é uma aliança de classe baseada numa identidade positiva de interesses, mas somente um compromisso motivado pelo temor comum diante de um mal maior, ainda assim ela não deixa de ser um fato novo e importante. Um fato diante do qual se mostra necessariamente como ilusão a "prova" esquemática e mecânica do "vínculo necessário" entre desenvolvimento capitalista e democracia. Diz Lênin:

> De modo geral, a democracia política é apenas uma das formas possíveis (ainda que, teoricamente, não deixe de ser a forma normal do capitalismo "puro") da superestrutura do capitalismo. Como demonstram os fatos, tanto o capitalismo quanto o imperialismo desenvolvem-se sob qualquer forma política, podendo submeter-se a qualquer uma delas.

Na Rússia em especial, essa rápida virada da burguesia – de oposição aparentemente radical ao czarismo para apoio a esse regime – repousa essencialmente sobre o fato de que o capitalismo – que, na Rússia, não teve um desenvolvimento "orgânico", mas foi, ao contrário, transplantado para o país – mostra, já em sua fase inicial, um caráter fortemente monopolista (preponderância das grandes empresas, papel do capital financeiro etc.). Isso explica porque, na Rússia, a burguesia era uma camada muito menor e mais fraca socialmente do que em outros países, onde o capitalismo teve um desenvolvimento "mais orgânico", e também porque, com as grandes empresas, tenha se criado a base material para o desenvolvimento de um proletariado revolucionário com uma rapidez muito maior do que podia supor a interpretação estatístico-esquemática do ritmo de desenvolvimento do capitalismo russo.

Mas se a aliança com a burguesia progressista mostra-se uma ilusão, e se o proletariado, conquistando sua autonomia, rompe definitivamente com o conceito caótico de "povo", não acabará ele – justamente por essa autonomia pela qual tanto lutou – num isolamento insuperável e, desse modo, conduzido a uma luta desde o início condenada ao fracasso? Essa frequente e compreensível objeção à perspectiva histórica de Lênin seria válida se a renúncia à teoria agrária dos *narodniki*, o reconhecimento da dissolução necessária dos resquícios agrário-comunistas, não fosse, por sua vez, um conhecimento igualmente dialético. A dialética desse processo dissolutivo – pois o conhecimento dialético não é mais do que a apreensão conceitual de uma situação real dialética – consiste no fato de que o caráter inexorável da dissolução dessas formas só tem um sentido unívoco e determinado como processo de dissolução, portanto apenas de modo negativo. Que direção esse processo assumirá em sentido positivo é algo que não se pode determinar a partir dele mesmo. Isso depende do desenvolvimento do entorno social, do destino da totalidade histórica. Expresso em termos mais concretos: o inevitável processo econômico de dissolução das antigas formas agrárias – tanto da forma dos *Junkers* quanto da do campesinato – pode trilhar dois caminhos. Nas palavras de Lênin: "Ambas as formas da dissolução tornam mais fácil, cada uma a seu modo, a passagem para um grau mais elevado da técnica, e ambas se movimentam no sentido do progresso da agricultura". Uma é a eliminação de todos os resquícios medievais (e antigos) da vida dos camponeses. A outra – que Lênin chama de via prussiana – "caracteriza-se pelo fato de que o legado medieval da propriedade rural não apenas é liquidado de uma vez por todas, como é progressivamente adaptado ao capitalismo". Ambos os caminhos são possíveis. E ambos representam um progresso – em termos econômicos – em relação ao que existe. Mas se ambas as tendências são igualmente possíveis e, em certo sentido, igualmente progressistas, o que fará com que se decida pela realização efetiva de uma ou outra? A resposta de Lênin a essa questão, como a qualquer outra, é clara e unívoca: a luta de classes.

Com isso, evidenciam-se de maneira mais nítida e concreta os traços daquele meio em que o proletariado é chamado a atuar, de modo autônomo, como classe dirigente. Pois *somente o proletariado pode ser a força decisiva* nessa luta de classes, que, para a Rússia, aponta no sentido da transição da Idade Média para o mundo moderno. Os camponeses, não apenas por seu terrível atraso cultural, mas sobretudo por sua situação objetiva de classe, são capazes apenas de uma revolta elementar contra sua situação cada vez mais insustentável. Por sua situação objetiva de classe, estão destinados a permanecer como uma camada oscilante, uma classe cujo destino será decidido, em última instância, pela luta de classes na cidade, pelo destino da cidade, da grande indústria, do aparato estatal etc.

Somente esse contexto põe a decisão nas mãos do proletariado. Sua luta contra a burguesia seria talvez, no momento histórico dado, menos promissora se essa classe conseguisse liquidar, em seu próprio benefício, o feudalismo da estrutura agrária russa. Que o czarismo dificulte a realização desse propósito constitui o motivo principal do transitório comportamento revolucionário ou, ao menos, oposicionista da burguesia. *Mas enquanto essa questão permanecer irresoluta, a todo momento é possível uma irrupção elementar de milhões de camponeses escravizados e explorados*. Irrupção elementar a que somente o proletariado pode dar uma direção, conduzindo o movimento das massas a uma finalidade realmente vantajosa para os camponeses, e que cria as condições em que o proletariado pode assumir, com toda chance de vitória, a luta contra o czarismo e a burguesia.

Foi assim que a estrutura econômico-social da Rússia criou as bases objetivas para a aliança do proletariado com o campesinato. Seus objetivos de classe são distintos. Por isso, era preciso distinguir as duas classes, acabando com sua fusão no conceito de "povo". Mas elas só podem realizar esses diferentes objetivos de classe na luta conjunta. E, assim, a velha ideia dos *narodniki* retorna dialeticamente transformada na concepção leniniana do caráter da revolução russa. O confuso e abstrato conceito de "povo" tinha de ser eliminado, porém apenas para permitir que do entendimento concreto das condições de uma revolução proletária surgisse o conceito – revolucionariamente diferenciado – de povo como *aliança revolucionária de todos os oprimidos*. A partir dessa base, o partido de Lênin vê a si mesmo, e com razão, como o herdeiro das tradições efetivamente revolucionárias dos *narodniki*. Mas como a consciência e a capacidade de direção nessa luta objetivamente classista só existem *na consciência de classe do proletariado*, este pode e tem de se tornar a classe dirigente da transformação social na revolução que se aproxima.

3. O partido dirigente do proletariado

A missão histórica do proletariado é desvencilhar-se de toda comunhão ideológica com as outras classes e encontrar uma clara consciência de classe com base na especificidade de sua situação e na autonomia de seus interesses. Somente desse modo ele se tornará capaz de conduzir todos os oprimidos e explorados da sociedade burguesa na luta conjunta contra seus dominadores econômicos e políticos. A base objetiva desse papel dirigente do proletariado é sua posição no processo de produção capitalista. No entanto, seria uma aplicação mecânica do marxismo e, assim, uma ilusão totalmente anistórica imaginar que a consciência de classe correta, que capacita o proletariado a exercer a liderança, possa surgir nessa classe de modo gradual, sem atritos e regressões, *como se o proletariado pudesse alcançar sua vocação classista--revolucionária por meio de uma progressão ideológica natural*. A impossibilidade da transição econômica gradual do capitalismo para o socialismo foi claramente comprovada nos debates sobre Bernstein. Mas, apesar disso, a contrapartida ideológica dessa doutrina manteve-se incólume no pensamento de muitos revolucionários sinceros da Europa e nem sequer foi reconhecida como problema e perigo. Não que os melhores deles tenham ignorado a existência e o significado desse problema, ou não tenham visto que a vitória definitiva do proletariado só é alcançada após um longo caminho cheio de derrotas e, além disso, inevitáveis regressões a estágios já superados – não apenas materiais, mas também ideológicas. Eles sabiam, para usar a formulação de Rosa Luxemburgo, que a revolução proletária – que, segundo seus pressupostos sociais, não pode chegar "cedo demais" – tem necessariamente de ocorrer "cedo demais" no que diz respeito à sustentação do poder (portanto, ideologicamente). Mesmo que nessa perspectiva histórica sobre o caminho que o proletariado deve percorrer para sua libertação se sustentasse o ponto de vista de que uma autoinstrução espontâneo-revolucionária das massas proletárias (por meio de ações de massas e das experiências que delas resultam), devidamente apoiada por agitação, propaganda etc. teoricamente corretas do partido, seria suficiente para garantir o desenvolvimento necessário, nem por isso se ultrapassou a visão de que o proletariado alcança sua missão revolucionária mediante uma progressão ideológica natural.

Lênin foi o primeiro e, por muito tempo, o único líder e teórico importante a considerar esse problema em seu aspecto teoricamente central e, por isso, decisivo na prática: *o aspecto da organização*. A polêmica em torno do parágrafo 1º dos estatutos da organização no Congresso de Bruxelas-Londres de 1903 é conhecida de todos. Tratava-se de saber se membro do partido era todo aquele que o apoiava e trabalhava sob seu controle (como queriam os mencheviques) ou se era absolutamente indispensável sua participação nas organizações ilegais, a dedicação de toda sua existência ao trabalho do partido e a total subordinação a sua disciplina – concebida de modo extremamente rígido. As outras questões organizacionais, como a centralização, por exemplo, são apenas consequências objetivas e necessárias dessa posição.

Também tal polêmica só pode ser compreendida a partir da disputa das duas visões fundamentais sobre a possibilidade, o curso provável, o caráter etc. da revolução, embora na época Lênin tenha sido o único a notar a interdependência de todos esses problemas.

O plano bolchevique de organização destaca, em meio à massa mais ou menos caótica da totalidade da classe, um grupo de revolucionários conscientes de seus objetivos e dispostos a qualquer sacrifício. Mas com isso não há o perigo de que esses "revolucionários profissionais" se isolem da vida real da classe e, com esse isolamento, degenerem em grupo conspirativo, em seita? Esse plano de organização não é mera consequência prática daquele "blanquismo" que os "perspicazes" revisionistas acreditavam encontrar até mesmo em Marx? Não podemos investigar aqui quão improcedente é essa acusação, mesmo em relação ao próprio Blanqui. No que diz respeito à organização leniniana, ela falha em detectar seu núcleo, porque, segundo Lênin, o grupo dos revolucionários profissionais não tem em nenhum momento a missão de "fazer" a revolução ou, por meio de sua ação autônoma e corajosa, mobilizar a massa inativa, colocando-a diante de um *fait accompli** revolucionário. *A ideia de organização de Lênin pressupõe o fato da revolução, a atualidade da revolução.* Se os mencheviques estivessem certos em sua previsão histórica, se tivéssemos vivido uma época relativamente tranquila de prosperidade e lenta expansão da democracia, em que os resquícios feudais pudessem ter sido varridos pelo "povo", pelas classes "progressistas", então os grupos dos revolucionários profissionais teriam enrijecido completa e necessariamente, convertendo-se em seitas ou meros círculos de propaganda. O partido, como organização centralizada dos elementos mais conscientes do proletariado – e apenas deste último –, *é concebido como instrumento da luta de classes numa época revolucionária.* "Não se pode", segundo Lênin, "separar mecanicamente o aspecto político do organizacional", e aquele que afirma ou nega a organização partidária bolchevique, sem se perguntar se vivemos ou não a época das revoluções proletárias, mostra não ter compreendido nada da essência dessa questão.

Em sentido radicalmente contrário, no entanto, pode-se levantar a seguinte objeção: precisamente a atualidade da revolução torna supérflua uma organização desse tipo. Pode ter sido útil, na época da inatividade do movimento revolucionário, reunir e organizar os revolucionários profissionais. Contudo, nos anos da revolução propriamente dita, quando as massas se encontram profundamente agitadas e logo amadurecem, acumulando em semanas e mesmo em dias mais experiências revolucionárias do que em décadas inteiras, quando até mesmo aquela parte da classe que normalmente não toma parte no movimento – mesmo com suas vantagens mais imediatas – passa a atuar de modo revolucionário, tal organização revela-se inútil e sem sentido. Ela desperdiça energias úteis e, quando se torna influente, paralisa a produtividade espontânea e revolucionária das massas.

É evidente que essa objeção conduz mais uma vez ao problema da progressão ideológica natural. O *Manifesto Comunista* caracteriza de modo muito claro a relação entre o partido revolucionário do proletariado e a totalidade da classe.

---

* Fato consumado. (N. T.)

Os comunistas se distinguem dos outros partidos operários somente em dois pontos: 1) nas diversas lutas nacionais dos proletários, destacam e fazem prevalecer os interesses comuns do proletariado, independentemente da nacionalidade; 2) nas diferentes fases de desenvolvimentos por que passa a luta entre proletários e burgueses, representam, sempre e em toda parte, os interesses do movimento em seu conjunto.

Na prática, os comunistas constituem a fração mais resoluta dos partidos operários de cada país, a fração que impulsiona as demais; teoricamente têm sobre o resto do proletariado a vantagem de uma compreensão nítida das condições, do curso e dos fins gerais do movimento proletário.*

Eles são, em outras palavras, *a face visível da consciência de classe do proletariado*. E a questão de sua organização é decidida pelo modo como o proletariado alcança de fato sua própria consciência de classe e a torna plenamente sua. Que isso não ocorre por si só, pelo desenvolvimento mecânico das forças econômicas da produção capitalista, e tampouco pelo simples crescimento orgânico da espontaneidade das massas, deve ser admitido por todo aquele que não nega incondicionalmente a função revolucionária do partido. A diferença entre a concepção leniniana de partido e as outras reside sobretudo no fato de que ele, por um lado, apreende de modo mais profundo e consequente a diferenciação econômica no interior do proletariado (o surgimento da aristocracia operária etc.) e, por outro, vislumbra a cooperação do proletariado com as outras classes na nova perspectiva histórica que se apresenta. Segue-se disso uma importância maior do proletariado na preparação e na condução da revolução e, a partir daí, a função dirigente do partido em relação à classe operária.

O surgimento e a importância crescente de uma aristocracia operária equivalem, desse ponto de vista, a um aumento constante da relativa, porém sempre presente, divergência entre os interesses cotidianos imediatos de certas camadas operárias e os verdadeiros interesses da classe em sua totalidade, discordância que se enrijece no curso desse processo. O desenvolvimento capitalista, que inicialmente nivelou e unificou a classe trabalhadora – a qual se encontrava localmente dispersa, distribuída em corporações etc. – cria agora uma nova diferenciação. E esta não tem apenas como consequência o fato de o proletariado deixar de se contrapor à burguesia numa hostilidade unânime.

---

* Karl Marx e Friedrich Engels, *Manifesto Comunista*, cit., p. 51. (N. E.)

Ainda há o perigo de que essas camadas, em virtude de sua ascensão crescente a um modo de vida pequeno-burguês, de sua ocupação de postos na burocracia partidária e sindical e às vezes de postos municipais etc., obtenham – apesar ou justamente por causa de sua ideologia aburguesada, da falta de maturidade de sua consciência proletária de classe – uma superioridade sobre as demais camadas proletárias no que diz respeito à educação formal, à rotina administrativa etc., tornando-se capaz de exercer uma influência ideológica retrógrada sobre a totalidade da classe. Dito de outro modo, o perigo é que essas camadas, por meio de sua influência nas organizações do proletariado, contribuam para obscurecer a consciência de classe de todos os trabalhadores, conduzindo-os a uma aliança tácita com a burguesia.

Contra esse perigo, nada pode a mera clareza teórica, tampouco a agitação e a propaganda correspondentes dos grupos revolucionários conscientes. Durante um bom tempo, essas oposições de interesses não se manifestam de forma visível a todos os trabalhadores, a ponto de mesmo seus representantes ideológicos não perceberem muitas vezes que se afastaram do caminho de sua própria classe. Por isso, essas diferenças podem muito facilmente permanecer escondidas dos trabalhadores sob o disfarce de "divergências teóricas de opinião", "diferenças táticas" etc. E o instinto revolucionário dos trabalhadores, que às vezes se descarrega em grandes ações espontâneas das massas, permanece incapaz de conservar, como bem duradouro para a classe em seu conjunto, o nível que a consciência de classe atingiu por meio de sua ação inconsciente.

Essa razão já é suficiente para mostrar quão indispensável é a autonomia organizacional dos elementos plenamente conscientes da classe. Nessa mesma linha de pensamento, evidencia-se que a forma *leniniana de organização é inseparavelmente ligada à perspectiva da revolução que se aproxima*. É somente nesse contexto que todo desvio do caminho correto da classe manifesta-se como algo fatídico e infausto; somente nesse contexto a decisão a respeito de uma pequena questão cotidiana pode ter um alcance decisivo para a totalidade da classe; somente nesse contexto passa a ser vital para o proletariado a visualização clara do pensamento e da ação realmente próprios à sua situação de classe.

Mas, ao mesmo tempo, a atualidade da revolução não significa que a fermentação da sociedade e a decomposição de suas velhas estruturas limitam-se ao proletariado, mas são, ao contrário, algo que abrange todas as classes da sociedade. Segundo Lênin, o verdadeiro traço de uma situação revolucionária é que "as 'camadas inferiores' não querem viver à maneira antiga, ao passo que as 'camadas superiores' não podem viver à maneira antiga" e "a revolução não é possível sem uma crise nacional geral (que afete tanto os explorados quanto os exploradores)". Quanto mais profunda é a crise, maiores são as perspectivas da revolução. No entanto, quanto maior ela é, quanto mais camadas da sociedade ela atinge, maior é o número de movimentos distintos e elementares que se entrecruzam, mais confusas e cambiantes tornam-se as relações de força entre as duas classes, a burguesia e o proletariado, de cuja luta depende, em última instância, o resultado final. *Se o proletariado quer ser vitorioso nessa luta, tem de apoiar e sustentar toda corrente que contribui para o desmonte da sociedade burguesa, procurando integrar no movimento revolucionário geral todo movimento elementar, por menos claro que seja, de qualquer camada oprimida.* E a proximidade de um período revolucionário mostra-se também no fato de que todos os insatisfeitos da antiga sociedade procuram se incorporar ao proletariado ou, ao menos, estabelecer algum vínculo com ele. Aqui, porém, pode se esconder um grande perigo. Se o partido do proletariado não é organizado de modo tal que seja garantido o correto direcionamento de sua política como classe, esses aliados – que, numa situação revolucionária, multiplicam-se progressivamente – podem trazer mais desordem do que ajuda. Pois as outras camadas oprimidas da sociedade (camponeses, pequeno-burgueses, intelectuais) não aspiram, é óbvio, aos mesmos objetivos do proletariado. Este, quando sabe o que quer e o que tem de querer do ponto de vista da classe, pode salvar a si mesmo e a essas camadas de sua miséria social. Mas se o partido, o combativo portador de sua consciência de classe, mostra-se inseguro em relação ao caminho que a classe deve seguir, se nem mesmo seu caráter proletário está garantido no plano organizacional, então essas camadas ingressam no partido do proletariado e desviam-no de seu caminho, de modo que essa aliança, que, no caso de uma organização do partido proletário dotada de clareza acerca de seu caráter de classe, teria contribuído para a revolução, torna-se a maior ameaça contra ela.

O pensamento leniniano da organização está assentado, por conseguinte, em dois pilares necessários: a mais rigorosa escolha no que diz respeito à consciência proletária de classe para os membros do partido e a mais plena solidariedade e apoio a todos os oprimidos e explorados da sociedade capitalista. Assim, ele reúne dialeticamente a clareza em relação aos fins e a universalidade, a condução da revolução em sentido proletário estrito e o caráter nacional (e internacional) geral da revolução. A organização menchevique enfraquece esses dois pilares, misturando-os, rebaixando-os a meros compromissos e reunindo-os, desse modo, *no próprio partido*. Ela se isola das amplas camadas dos explorados (por exemplo, dos camponeses), porém reúne no partido os mais diversos grupos de interesse, que acabam por lhe impossibilitar qualquer pensamento e ação unitários. Assim, em vez de tomar parte na luta oscilante e caótica entre as classes – pois toda situação revolucionária se expressa precisamente no estado de coisas caótico da sociedade – e contribuir com a clareza necessária tanto para a formação *do* front *decisivo para a vitória, o* front *do proletariado contra a burguesia*, quanto para o agrupamento em torno do proletariado dos grupos indistintos das demais camadas exploradas, tal partido se converte num confuso ajuntamento de diversos grupos de interesse. Ele só chega a agir por meio de compromissos internos, a reboque de grupos dotados de mais clareza ou simplicidade para a ação, ou permanece forçado a contemplar os acontecimentos de modo fatalista.

Assim, o pensamento leniniano da organização significa *um rompimento com dois modos de fatalismo mecânico*: tanto o que apreende a consciência de classe do proletariado como produto mecânico de sua situação de classe quanto o que vê na própria revolução apenas um efeito mecânico de forças econômicas que se movem de modo fatalista e – uma vez atingida a "maturidade" das condições objetivas da revolução – conduzem o proletariado à vitória, por assim dizer, automaticamente. Se tivéssemos de esperar até o proletariado ser trazido para a luta decisiva de modo unitário e inequívoco, jamais haveria uma situação revolucionária. Por um lado, sempre haverá – e cada vez mais, à medida do desenvolvimento do capitalismo – camadas proletárias que contemplam passivamente a luta de libertação de sua própria classe e, muitas vezes, passam para o campo inimigo. Por outro lado, no entanto, o comportamento do proletariado, sua disposição para a luta e o grau de sua consciência de classe não é em absoluto algo que brota com necessidade fatalista a partir da situação econômica.

É óbvio que nem mesmo o maior e melhor partido do mundo pode "fazer" uma revolução. Mas o modo como o proletariado reage a uma situação é algo que depende em grande parte da clareza e da energia que o partido é capaz de empregar na consecução de seus objetivos de classe. *Desse modo, o velho problema – se a revolução pode ser "feita" ou não – ganha um significa-*

do inteiramente novo na época da atualidade da revolução. E com essa mudança de significado transforma-se também a relação entre partido e classe, o significado das questões organizacionais para o partido e para a totalidade do proletariado. Na base do antigo problema do "fazer" da revolução reside uma separação rígida, não dialética, entre a necessidade do curso histórico e a atividade do partido agente. Se o "fazer" da revolução significa sua criação mágica a partir do nada, isso tem de ser absolutamente negado. A atividade do partido na era da revolução significa algo fundamentalmente diferente. Se o caráter essencial da época é revolucionário, uma situação revolucionária aguda pode se apresentar a qualquer momento. O momento e as circunstâncias de seu surgimento dificilmente podem ser previstos com exatidão. Mas é possível prever tanto aquelas tendências que conduzem a ela quanto as linhas fundamentais da ação correta a ser implementada quando de seu surgimento. A atividade do partido funda-se nesse conhecimento histórico. *O partido tem de preparar a revolução*. Quer dizer, ele tem, por um lado, de procurar atuar (por meio da influência sobre a ação do proletariado e também das outras camadas exploradas) para a *aceleração* do processo de amadurecimento dessas tendências revolucionárias; por outro lado, no entanto, ele tem de preparar o proletariado ideológica, tática, material e organizacionalmente para a ação necessária na situação revolucionária aguda.

Com isso, porém, as questões internas da organização do partido aparecem sob uma nova perspectiva. Tanto a velha concepção – representada também por Kautsky – de que a organização constitui o pressuposto do agir revolucionário quanto a de Rosa Luxemburgo, segundo a qual ela é um *produto* do movimento revolucionário das massas, parecem unilaterais e não dialéticas. A função do partido na preparação da revolução faz dele, ao mesmo tempo e com a mesma intensidade, produtor *e* produto, pressuposto *e* resultado dos movimentos revolucionários de massa. Pois a atividade consciente do partido repousa sobre um conhecimento claro da necessidade objetiva do desenvolvimento econômico; sua rígida estrutura organizacional vive em interação permanente e fértil com as lutas e os padecimentos básicos das massas. Em certas ocasiões, Rosa Luxemburgo tratou dessa interação de modo muito minucioso. Mas ela ignora o *elemento consciente e ativo* que aí se apresenta. Por essa razão, não reconhece o ponto fundamental da concepção leniniana do partido, que é sua função preparatória; daí não ser capaz também de compreender corretamente os princípios organizacionais que dela se seguem.

Naturalmente, a própria situação revolucionária não pode ser um produto da atividade do partido. Sua tarefa é prever o sentido do desenvolvimento das forças econômicas objetivas, prever qual será a atitude do operariado diante da situação assim configurada. De acordo com essa previsão, o partido tem de preparar as massas do proletariado para o futuro, na medida do possível representando seus interesses em termos espirituais, materiais e organizacionais. No entanto, os acontecimentos e as situações que se sucedem são produto das forças econômicas da produção capitalista, forças essas que atuam de modo cego e com a necessidade de leis naturais. Mas não de modo mecânico-fatalista. Pois, como já vimos no exemplo da dissolução econômica do feudalismo agrário na Rússia, o próprio processo de dissolução é um produto necessário do desenvolvimento capitalista, mas nem por isso seus efeitos sobre as classes, isto é, as novas camadas de classes que surgem dele, são o produto unívoco desse processo considerado isoladamente e podem ser identificados a partir dele. O destino da sociedade, cujas partes constituem esse processo, é, em última instância, o momento determinante de sua orientação. Nesse conjunto, porém, as ações de classe, sejam repentinas, de caráter espontâneo e elementar, sejam conduzidas de modo consciente, desempenham um papel decisivo. E quanto mais transtornada é uma sociedade, quanto mais sua estrutura "normal" deixa de funcionar corretamente, quanto mais seu equilíbrio socioeconômico se encontra abalado, quer dizer, quanto mais revolucionária é a situação, mais decisivo é o seu papel. Daí decorre que o desenvolvimento total da sociedade na época do capitalismo não segue de modo algum um traçado simples e linear. Quando a situação é corretamente compreendida e adequadamente aproveitada, resultam da interação dessas forças no conjunto da sociedade situações em que determinada tendência pode se efetivar. Mas quando se deixa passar essa situação ou não se aproveitam corretamente suas consequências, o desenvolvimento das forças econômicas – que, segundo as aparências, conduziram a ela de modo irresistível – não segue a linha inexorável percorrida até então, mas toma com muita frequência o caminho contrário. (Imaginemos a situação da Rússia se os bolcheviques não tivessem tomado o poder em 1917 e, por conseguinte, não tivessem conduzido a revolução agrária até o fim. Nesse caso, uma solução "prussiana" da questão agrária – sob um regime contrarrevolucionário, porém moderno-capitalista em comparação com o czarismo pré-revolucionário – não estaria totalmente excluída.)

A organização do partido do proletariado só pode ser compreendida de fato quando se conhece o contexto histórico em que ele tem de atuar. Ela repousa sobre a gigantesca tarefa histórico-mundial que a época de transição do capitalismo impõe ao proletariado, sobre a enorme responsabilidade histórico-mundial que recai sobre os ombros da camada dirigente e consciente dessa classe. Como o partido, a partir do conhecimento da totalidade da sociedade, representa os interesses de todo o proletariado (e, portanto, os interesses de todos os explorados, o futuro da humanidade), ele tem de reunir em si todas as oposições que expressam essas tarefas postas pelo centro da sociedade considerada em sua totalidade. Já destacamos que a mais rigorosa escolha dos membros do partido, em relação à clareza da consciência de classe e à dedicação incondicional à causa da revolução tem de ser conjugada com a completa fusão à vida das massas que sofrem e lutam. E todos os esforços para realizar o primeiro lado dessas exigências sem a realização de seu antípoda tinham necessariamente de conduzir a um enrijecimento sectário, mesmo daqueles grupos formados por bons revolucionários. (Essa é a raiz da luta que Lênin travou contra o "esquerdismo", do otsovismo até o KAP* e mais além.) A rigidez das exigências feitas aos membros do partido é apenas um meio de tornar a classe inteira do proletariado (e, com ela, todas as camadas exploradas pelo capitalismo) consciente de seus verdadeiros interesses, daquilo que se encontra efetivamente na base de suas ações inconscientes, de seus pensamentos vagos e seus sentimentos confusos.

Mas as massas só podem aprender agindo, é somente na luta que se tornam conscientes de seus interesses. Numa luta cujas bases econômico-sociais se encontram em eterna mudança e na qual, por isso, *as condições e os meios da própria luta se modificam constantemente*. O partido dirigente do proletariado só pode cumprir sua missão se, nessa luta, ele estiver sempre um passo à frente das massas em luta, a fim de lhes indicar o caminho a ser percorrido. Contudo, sem jamais se distanciar mais do que um passo, para se manter sempre como o líder da luta. Assim, sua clareza teórica só tem valor quando não se limita à correção geral meramente teórica da teoria, mas faz com que esta culmine na análise concreta da situação concreta; quando, portanto, a retidão teórica expressa apenas a direção da situação concreta. O partido tem,

---

* Kommunistischer Arbeiter Partei (Partido Comunista Operário). (N. T.)

por um lado, de ter a clareza e a firmeza teóricas para se manter no caminho correto a despeito de todas as oscilações das massas, e mesmo correndo o risco de um isolamento momentâneo. Mas ele tem, por outro lado, de ser elástico e receptivo o suficiente para detectar em todas as exteriorizações das massas, mesmo confusas, as possibilidades revolucionárias que permanecem inconscientes para essas mesmas massas.

Essa adequação à vida da totalidade *é impossível sem a mais rígida disciplina no partido*. Se o partido não é capaz de adequar momentaneamente seu conhecimento à situação sempre cambiante, chega toda vez depois dos acontecimentos, converte-se de dirigente em dirigido, perde o contato com as massas e desorganiza-se. A consequência disso é que a organização tem sempre de funcionar com a mais extrema austeridade e rigidez a fim de transformar essa adequação em ação tão logo seja necessário. Ao mesmo tempo, porém, isso significa que essa exigência de adequabilidade também tem de ser aplicada a todo instante na própria organização. Uma forma de organização que num determinado momento tenha sido útil para determinados fins pode se converter num estorvo em outras condições de luta.

Faz parte da essência da história produzir sempre o *novo*. Este não pode ser calculado com antecedência por uma teoria infalível qualquer: é na luta, a partir das primeiras manifestações de seu núcleo constitutivo, que ele tem de ser conscientemente reconhecido e apreendido. Não é de modo algum tarefa do partido impor às massas um determinado tipo de comportamento estabelecido abstratamente. Ao contrário, ele tem de *aprender* ininterruptamente com a luta e os métodos da luta das massas. Mas também tem de ser ativo nesse aprendizado, preparando as ações revolucionárias seguintes. Tem de tornar consciente a invenção espontânea das massas – que nasce de seu correto instinto de classe –, conectando-a com a totalidade das lutas revolucionárias; nas palavras de Marx, tem de esclarecer às massas suas próprias ações, para, desse modo, não apenas preservar a continuidade das experiências revolucionárias do proletariado, como também incentivar de maneira consciente e ativa o desenvolvimento dessas experiências. A organização tem de se integrar como instrumento no conjunto desses conhecimentos e das ações que deles resultam. Do contrário, será dissolvida pelo desenvolvimento das coisas, o qual ela não compreende e, portanto, não domina. Por isso, *para o partido, todo dogmatismo na teoria e toda rigidez na organização são nocivos*. Como diz Lênin:

Toda nova forma de luta, unida a novos perigos e sacrifícios, "desorganiza" inevitavelmente as organizações que não se encontram preparadas para essa nova forma de luta. É tarefa do partido também – e com mais razão ainda – em relação a si mesmo percorrer essa via necessária de modo livre e consciente, transformando a si mesmo antes que o perigo da desorganização se torne demasiado agudo, atuando sobre as massas por meio dessa transformação, formando-as e incitando-as à luta.

Tática e organização constituem dois lados de um todo inseparável. *Apenas atuando sobre os dois ao mesmo tempo é possível obter resultados efetivos*. Para atingi-los, é preciso ser ao mesmo tempo coerente e elástico, agarrar-se de modo inexorável aos princípios e manter os olhos abertos para todas as reviravoltas que se apresentem em nossa época. Somente a relação com o todo, com o destino da revolução proletária, é que torna um pensamento, uma medida etc. certos ou errados. Essa foi a razão, por exemplo, por que após a primeira revolução russa Lênin combateu com o mesmo rigor tanto aqueles que queriam abandonar a ilegalidade aparentemente sectária e inútil quanto aqueles que, dedicando-se por inteiro à ilegalidade, rejeitavam toda legalidade; essa foi a razão por que ele manifestou um desprezo colérico tanto pela inserção no parlamentarismo quanto pelo antiparlamentarismo tomado como princípio.

Não somente Lênin jamais foi um utopista político, como jamais teve qualquer ilusão acerca do material humano de seu presente. Diz ele na primeira época heroica da revolução proletária vitoriosa: "Queremos construir o socialismo com os homens que foram educados, apodrecidos e corrompidos pelo capitalismo, mas que, precisamente desse modo, também foram preparados por ele para a luta". As enormes exigências que o pensamento leniniano da organização impõe aos revolucionários profissionais não têm nada de utópico em si mesmas. E, certamente, também não têm nada do caráter superficial da vida cotidiana, da facticidade imediata que acompanha a empiria. A organização leniniana é ela mesma dialética – portanto, não apenas produto do desenvolvimento dialético da história, mas também seu impulso consciente –, na medida em que é *ao mesmo tempo produto e produtora de si mesma*. São os homens que criam seu partido; para que queiram e possam tomar parte em sua organização, eles necessitam de um alto grau de consciência de classe e dedicação, mas só se tornam verdadeiros revolucionários profissionais na e por meio da organização. O jacobino, que se une à classe revolucionária, confere forma e clareza às ações da classe por sua firmeza de decisão, sua capacidade de ação, seu saber e seu entusiasmo. Mas o que determina o conteúdo e a direção de suas ações é sempre o ser social da classe, a consciência de classe que dele emana. Não se trata de agir em nome da classe, como seu representante, mas do culminar da ação da própria classe. O partido chamado à direção da revolução proletária não se apresenta já pronto ao exercício da liderança: *ele não é, mas vem a ser*. E o processo da fértil interação entre partido e classe repete-se – certamente de modo alterado – na relação do partido com seus membros. Pois, como Marx diz em suas Teses sobre Feuerbach: "A doutrina materialista sobre a modificação das circunstâncias e da educação esquece que as circunstâncias são modificadas pelos homens e que o próprio educador tem de ser educado"*.

A concepção leniniana do partido é o mais radical rompimento com a vulgarização mecanicista e fatalista do marxismo. Ela é a efetivação prática de sua essência legítima, de sua mais profunda tendência: "Os filósofos apenas *interpretaram* o mundo de diferentes maneiras; o que importa é *transformá-lo*"**.

---

* Karl Marx, "*Ad* Feuerbach", em Karl Marx e Friedrich Engels, *A ideologia alemã*, cit., p. 533. (N. E.)
** Ibidem, p. 535. (N. E.)

Manuscrito do artigo "A Terceira Internacional e seu lugar na história", de Lênin.

4. O imperialismo: guerra mundial e guerra civil

Mas podemos dizer que entramos no período das lutas revolucionárias decisivas? Já chegamos ao momento em que o proletariado se vê forçado a cumprir sua missão transformadora do mundo sob pena de sua própria derrocada? Não resta dúvida de que nenhuma maturidade ideológica ou organizacional do proletariado poderá decidir isso, se essa maturidade, esse caráter decidido para a luta, não for uma consequência da situação objetiva, econômico-social do mundo, que o impele a essa decisão. E nenhum acontecimento, seja derrota, seja vitória, poderá decidir esse problema. Mais do que isso, um simples acontecimento isolado não pode nem mesmo determinar se um fato representa uma vitória ou uma derrota: somente o nexo com a totalidade do desenvolvimento sócio-histórico é capaz de qualificar um evento isolado como vitória ou derrota em padrão histórico-mundial.

Por isso, a discussão que a social-democracia russa (que na época reunia os partidos menchevique e bolchevique) travou ainda durante a primeira revolução e que chegou ao seu ápice após a derrota desta – a discussão sobre se, ao tratar da revolução, o correto seria escrever 1847 (*antes* da revolução decisiva) ou 1848 (*após a derrota* da revolução) – ultrapassa necessariamente os problemas russos em sentido estrito. Ela só pode ser decidida se a questão acerca do caráter fundamental de nossa época também for decidida. A questão mais estreita, propriamente russa, sobre o fato de a revolução de 1905 ter sido uma revolução proletária e o comportamento – proletário-revolucionário – dos trabalhadores ter sido correto ou "deficiente" também só pode ser respondida nesse contexto. De qualquer modo, a formulação enérgica da questão já mostra em que direção a resposta tem de ser buscada. Pois a cisão entre direita e esquerda no movimento operário começa cada vez mais a assumir, também fora da Rússia, a forma de uma discussão sobre o caráter geral da época. Uma discussão sobre se certos fenômenos econômicos, observados de modo cada vez mais claro (concentração do capital, importância crescente dos grandes bancos, colonização etc.), são apenas estágios quantitativamente superiores do desenvolvimento "normal" do capitalismo ou se indicam a aproximação de uma nova época do capitalismo: o imperialismo. Se as guerras (guerras dos Bôeres, hispano-americana, russo-japonesa etc.) que se tornaram cada vez mais frequentes após um período de relativa paz devem ser vistas como "acidentais" ou "episódicas", ou se nelas devem ser vislumbrados os primeiros sinais de um período de guerras cada vez mais violentas. E, finalmente, coloca-se a questão: se o desenvolvimento do capitalismo entrou assim numa nova fase, podemos considerar os velhos métodos de luta do proletariado suficientes para fazer valer seus interesses de classe sob essas condições alteradas? As novas formas da luta de classes do proletariado, surgidas antes e ao longo da revolução russa (greves de massas, levante armado), são acontecimentos de significado puramente local, especial, ou até mesmo "falhas" e "desvios", ou devem ser consideradas as primeiras tentativas espontâneas – e levadas a cabo com o instinto correto de classe – de adaptar sua ação à situação mundial?

É conhecida a resposta prática de Lênin a esse complexo de questões tão relacionadas entre si. Ela se expressa com maior evidência em sua luta no Congresso de Stuttgart – pouco após a derrota da Revolução Russa, quando ainda não haviam cessado as lamentações dos mencheviques pelo equivocado "ir longe demais" dos trabalhadores russos – a favor de um posicionamento claro e firme da Segunda Internacional contra o perigo iminente de uma guerra mundial imperialista e em sua tentativa de orientar esse posicionamento no que diz respeito *ao que se pode fazer contra essa guerra.*

A proposta de Lênin e Rosa Luxemburgo foi aceita em Stuttgart e, mais tarde, confirmada nos congressos de Copenhague e Basileia. Isso significa que a Internacional passava a admitir oficialmente o perigo iminente de uma guerra mundial imperialista e a necessidade de o proletariado travar uma luta revolucionária contra ela. De modo que, aparentemente, Lênin não ficou sozinho na defesa desse ponto. E o mesmo vale para o reconhecimento do imperialismo como nova fase do capitalismo. A esquerda inteira, e mesmo partes da ala centrista e de direita da Segunda Internacional, reconheceu a existência dos fatos econômicos que se encontram na base do imperialismo. Hilferding procurou elaborar uma teoria econômica desses novos fenômenos, e Rosa Luxemburgo chegou até mesmo a apresentar o complexo econômico inteiro do imperialismo como consequência necessária do processo de reprodução do capitalismo, integrando organicamente o imperialismo na teoria da história do materialismo histórico e fornecendo, com isso, um fundamento econômico concreto à "teoria do colapso"*. E, no entanto, em agosto de 1914 – e muito tempo depois –, quando Lênin ficou totalmente isolado em seu ponto de vista sobre a guerra mundial, seu isolamento não foi acidental. Mas também não podemos explicá-lo em termos psicológicos ou morais, dizendo, por exemplo, que muitos outros que antes julgavam o imperialismo "correto" trocaram de lado por "covardia" etc. Não. *Os posicionamentos das correntes socialistas singulares em agosto de 1914 foram as consequências lineares e objetivas de suas anteriores posturas teóricas, táticas etc.*

De modo aparentemente paradoxal, a concepção leniniana do imperialismo é, por um lado, uma importante realização teórica e contém, por outro, muito pouco de verdadeiramente novo, se observada como pura teoria econômica. Em muitos sentidos, ela se baseia em Hilferding e não demonstra, vista em termos puramente econômicos, a profundidade e a grandeza da continuidade da teoria marxiana da reprodução realizada por Rosa Luxemburgo. A superioridade de Lênin consiste – e esta é uma proeza teórica sem igual – *em sua articulação concreta da teoria econômica do imperialismo com todas as questões políticas do presente*, transformando a economia da nova fase num fio condutor para todas as ações concretas na conjuntura que se configurava então. Daí, por exemplo, ele ter renunciado a certas visões – extremamente esquerdistas – dos comunistas poloneses durante a guerra, qualificando-as de "economicismo imperialista"; daí sua refutação da concepção kautskiana do "ultraimperialismo", baseada na esperança da formação de um truste mundial capitalista que fosse favorável à paz e para o qual a guerra mundial seria apenas um meio "contingente", mas não "adequado", culminar na denúncia

---

* Teoria sustentada por Rosa Luxemburgo, segundo a qual o capitalismo se encaminharia necessariamente ao colapso, tendo em vista sua incapacidade de impedir o desenvolvimento de crises. (N. E.)

da separação, estabelecida por Kautsky, entre a economia do imperialismo e sua política. Sem dúvida, a teoria do imperialismo de Rosa Luxemburgo (e a de Pannekoek e outros esquerdistas) não é estritamente economicista. Todos eles – e sobretudo Rosa Luxemburgo – destacam justamente os momentos da economia do imperialismo em que esta assume necessariamente um caráter político (colonização, indústria armamentista etc.). Todavia, essa ligação não se torna concreta. Em outras palavras, Rosa Luxemburgo mostra de maneira definitiva que, em consequência do processo de acumulação, tornou-se inevitável a transição para o imperialismo, a época da luta pelos mercados coloniais e pelas regiões fornecedoras de matéria-prima, pelas possibilidades da exportação do capital etc.; que essa época – a última fase do capitalismo – tem de ser uma época de guerras mundiais. Com isso, porém, ela fundamenta apenas a teoria de *toda* uma época, a teoria desse imperialismo moderno *em geral*. Ela não podia estabelecer uma ponte entre essa teoria e as exigências concretas do presente; as partes concretas de seus artigos publicados sob o pseudônimo de Junius não são de maneira alguma uma consequência necessária da *acumulação do capital*. Nela, a correção teórica do juízo de toda a época não se efetiva num reconhecimento claro das forças motrizes concretas cuja valoração e aproveitamento revolucionário constituem a tarefa prática da teoria marxista.

Mas a superioridade de Lênin nesse ponto não pode ser esgotada com bordões do tipo "genialidade política" ou "aguçado olhar prático" etc. Trata-se antes de uma *superioridade puramente teórica* na avaliação do *processo geral*. Não há uma única decisão prática em sua vida que não tenha sido consequência material e lógica de sua imaginação teórica. E que a máxima fundamental dessa imaginação seja a exigência da análise concreta da situação concreta só desloca a questão para o terreno prático da *realpolitik* aos olhos daqueles que não pensam dialeticamente. *Para os marxistas, a análise concreta da situação concreta* não constitui nenhuma oposição à teoria "pura", mas, ao contrário, *o ponto culminante da autêntica teoria*, o ponto em que a teoria é verdadeiramente realizada e, por essa razão, transforma-se em práxis.

Essa superioridade teórica deve-se ao fato de que o olhar de Lênin, entre todos os sucessores de Marx, foi o menos distorcido pelas categorias fetichistas de seu ambiente capitalista. A superioridade decisiva da teoria econômica marxiana sobre todos os seus antecessores e sucessores consiste em ter sido metodologicamente bem-sucedida – no que diz respeito às questões mais intricadas e que, à primeira vista, requerem categorias econômicas mais puras (portanto, mais puramente fetichistas) – quando deu ao problema um tratamento que evidencia, por trás das categorias "puramente econômicas" e em seus processos evolutivos, aquelas classes cujo ser social é expresso por essas mesmas categorias econômicas. (Basta pensar na diferença entre capital constante e variável em oposição à distinção clássica entre capital fixo e circulante. Apenas por meio dessa diferenciação torna-se visível a estrutura de classes da sociedade burguesa. A formulação marxiana do problema da mais-valia revelou de imediato a divisão classista entre burguesia e proletariado. O crescimento do capital constante mostra essa relação no contexto dinâmico do processo evolutivo da totalidade social e, ao mesmo tempo, desmascara a luta dos diferentes grupos do capital pela repartição da mais-valia.)

A teoria do imperialismo de Lênin é menos uma teoria a respeito de seu surgimento economicamente necessário e de seus limites econômicos – como a de Rosa Luxemburgo – do que uma teoria das forças concretas de classe que o imperialismo desencadeia e que atuam em seu interior; *é a teoria da situação mundial concreta provocada pelo imperialismo*. Quando Lênin investiga a essência do capitalismo monopolista, o que lhe interessa é fundamentalmente essa situação concreta mundial e a divisão de classes que daí surge: como a terra foi repartida *de facto* pelas grandes potências coloniais; as alterações ocorridas na divisão interna entre burguesia e proletariado (camadas parasitárias de rentistas, aristocracia operária etc.). E, sobretudo, como o movimento interno do capitalismo monopolista, em razão do ritmo desigual nos diferentes países, revoga a repartição entre as "zonas de interesse" e outros compromissos firmados e leva a conflitos que só podem ser solucionados pela violência, pela guerra.

À medida que a essência do imperialismo como capitalismo monopolista e sua guerra são determinadas como desenvolvimento e exteriorização necessários da tendência de concentração ainda maior, de monopólio absoluto, a estratificação da sociedade torna-se mais clara em sua relação com essa guerra. Parece ser ingênuo imaginar – *à la* Kautsky – que partes da burguesia, que "não têm interesse" direto no imperialismo ou são até mesmo "discriminadas" por ele, possam ser mobilizadas contra ele. O desenvolvimento monopolístico arrasta com ele toda a burguesia, encontrando uma sustentação (certamente provisória) não apenas na pequena burguesia – em si mesma oscilante –, como também em setores do proletariado. No entanto, é errônea a afirmação dos céticos de que o proletariado, por sua renúncia inexorável ao imperialismo, acabaria isolado. O desenvolvimento da sociedade capitalista é sempre contraditório, movendo-se por oposições. O capitalismo monopolista cria, pela primeira vez na história, uma economia mundial em sentido próprio; sua guerra, a guerra imperialista é, portanto, a primeira guerra mundial no sentido estrito da palavra. Isso significa que, pela primeira vez na história, as nações oprimidas e exploradas não se encontram apenas numa luta isolada contra seus exploradores, mas são arrastadas com toda a sua existência para o turbilhão da guerra mundial. A política colonialista desenvolvida pelo capitalismo explora os povos coloniais não de modo simplesmente predatório, como foi o caso no início do desenvolvimento do capitalismo, mas *ao mesmo tempo revoluciona sua estrutura social, capitalizando-a*. É óbvio que isso ocorre com o objetivo de uma exploração ainda maior (exportação de capitais etc.); porém, contrariando as intenções do imperialismo, o resultado é que, nos países coloniais, criam-se as bases de um desenvolvimento burguês próprio cuja consequência ideológica necessária é *uma luta pela autonomia nacional*. Isso ainda é acentuado pelo fato de que a guerra imperialista mobiliza todas as reservas humanas disponíveis dos países imperialistas, em parte arrastando os povos coloniais a participar ativamente da luta e em parte provocando o rápido desenvolvimento de sua indústria, portanto acelerando econômica e ideologicamente esse processo.

Mas a situação dos povos coloniais é apenas um caso extremo da relação do capitalismo monopolista com seus explorados. A transição histórica de uma época para outra jamais é consumada de maneira mecânica, como se, por exemplo, um modo de produção só pudesse surgir e tornar-se historicamente efetivo quando o modo de produção superado por ele já tivesse cumprido sua missão transformadora da sociedade. Os modos de produção que superam uns aos outros, as formas sociais e as estratificações de classes correspondentes irrompem na história entrecruzando-se e atuando uns contra os outros. Assim, desenvolvimentos que parecem iguais uns aos outros quando considerados abstratamente (por exemplo, a passagem do feudalismo para o capitalismo) encontram-se, em consequência do meio histórico alterado, numa relação absolutamente diferente com o todo social e histórico e, considerados em si mesmos, assumem uma função e um significado inteiramente novos.

O capitalismo ascendente favoreceu a formação das nações. A partir da estrutura política medieval, fragmentada em pequenas formas de domínio feudal, ele remodelou a parte da Europa mais desenvolvida do ponto de vista capitalista – após árduas lutas revolucionárias – em grandes nações. Objetivamente falando, as lutas pela unidade na Alemanha e na Itália foram as últimas dessas lutas revolucionárias. Mas, se nesses Estados o capitalismo se desenvolveu em capitalismo monopolista e imperialista, se passou a assumir essa forma mesmo em países atrasados (Rússia, Japão), isso não significa que tenha perdido sua importância na formação das nações no resto do mundo. Ao contrário, *o progressivo desenvolvimento capitalista criou movimentos nacionais em todos os povos da Europa até então "desprovidos de história"*. No entanto, a "luta nacional de libertação" não pôde ser travada como um luta contra o feudalismo ou o absolutismo feudal internos, portanto, como uma luta de caráter indiscutivelmente progressista, mas *teve de se mover no terreno da disputa imperialista das potências mundiais*. Por isso, seu significado histórico, seu valor, depende da função concreta que lhe cabe exercer nesse todo concreto.

Marx soube reconhecer com muita clareza a importância dessa questão. Na época, ela era um problema preponderantemente inglês: o problema da relação da Inglaterra com a Irlanda. E Marx ressalta, com a mais absoluta acuidade:

> desconsiderando-se toda a justiça internacional, constitui uma precondição da emancipação da classe trabalhadora inglesa transformar a unidade forçada – isto é, a escravidão da Irlanda – numa união igual e livre, se possível, ou numa separação total, se necessário.

Ele viu claramente, por um lado, que a exploração da Irlanda era o baluarte decisivo do capitalismo inglês, que na época já possuía – e era o único a possuir – um caráter monopolista, e, por outro, que a confusa tomada de posição da classe operária inglesa em relação a esse problema dava lugar a uma divisão entre os oprimidos e a uma luta dos explorados contra outros explorados, em vez de uma luta conjunta contra seus exploradores comuns; portanto, apenas a luta pela libertação nacional da Irlanda podia conduzir à formação de uma frente eficaz na luta do proletariado inglês contra a burguesia inglesa.

Essa concepção de Marx não apenas permaneceu inócua no movimento operário inglês, como não se manteve viva na teoria e na práxis da Segunda Internacional. Também aqui coube a Lênin dar nova vida à teoria, porém uma vida mais ativa e mais concreta do que aquela que ela possuía no próprio Marx. De mera atualidade histórico-mundial, ela se transformou numa questão crucial do presente e, por essa razão, não foi mais tratada por Lênin de modo teórico, mas sim de modo puramente prático. Nesse contexto, a todos fica claro que o imenso problema que se apresenta para nós – a sublevação de todos os oprimidos, não apenas dos trabalhadores, em escala verdadeiramente mundial – *é o mesmo problema que Lênin não cessou de apontar, desde o início, como núcleo da questão agrária russa contra os* narodniki, *os marxistas legais, os economistas etc.* Em todos esses casos, trata-se daquilo que Rosa Luxemburgo chamou de mercado "externo" do capitalismo, com o que se deve entender o mercado não capitalista, indiferentemente do fato de ele se encontrar dentro ou fora do território do país. Por um lado, o capitalismo em expansão não pode se manter sem ele; por outro, sua função social em relação a esse mercado consiste na destruição de sua estrutura social originária, em sua capitalização, em sua transformação num mercado – capitalista – "interno", por meio da qual, porém, ele desenvolve suas tendências à autonomia etc. A relação é, portanto, dialética. Ocorre que Rosa Luxemburgo não conseguiu encontrar, a partir dessa correta e grandiosa perspectiva histórica, o caminho para a solução concreta de questões concretas da guerra mundial. Tal perspectiva permaneceu, em sua obra, uma perspectiva histórica, uma caracterização correta e grandiosa de toda a época. Mas apenas da época como um todo. E coube a Lênin realizar a passagem da teoria à práxis. Tal passagem, contudo – e isso jamais pode ser esquecido –, é ao mesmo tempo um *progresso teórico*, porque é uma passagem do abstrato para o concreto.

Essa passagem do juízo abstratamente correto da realidade histórica atual – a partir da evidenciação da essência revolucionária geral de toda a época imperialista – para o concreto culmina na pergunta a respeito do caráter particular dessa revolução. Uma das maiores realizações teóricas de Marx foi estabelecer com precisão a diferença entre as revoluções burguesa e proletária. Essa diferenciação foi, em parte, de extrema importância prático-tática contra a ilusão de seus contemporâneos e, em parte, ofereceu o único procedimento metodológico adequado para captar com nitidez os elementos verdadeiramente novos, proletário-revolucionários, presentes nos movimentos revolucionários da época. No *marxismo vulgar, contudo, essa diferenciação se enrijeceu numa separação mecânica.* É nessa separação que os oportunistas se baseiam para generalizar esquematicamente a observação empiricamente correta de que toda revolução da época moderna começa como revolução burguesa, por mais que seja atravessada por ações, exigências proletárias etc.

Para os oportunistas, a revolução, nesses casos, é mera revolução burguesa. A tarefa do proletariado é apoiar *essa* revolução. Dessa separação entre revolução burguesa e proletária segue-se que o proletariado *tem de renunciar a seus próprios objetivos revolucionários como classe*.

No entanto, a concepção esquerdista radical – que vê claramente o sofisma mecanicista dessa teoria e tem consciência do caráter proletário-revolucionário de nossa época – também cai numa concepção mecanicista igualmente perigosa. A partir da consciência de que o papel revolucionário histórico-mundial da burguesia chega a seu fim na era imperialista, ela conclui – baseando-se numa separação mecanicista entre revolução burguesa e proletária – que *ingressamos na era da revolução proletária pura*. Esse ponto de vista tem a perigosa consequência prática de ignorar e até mesmo desprezar e rechaçar todos aqueles movimentos de decomposição e fermentação que surgem necessariamente na era imperialista (questão agrária, questão colonial, questão das nacionalidades) e *são objetivamente revolucionárias em seu vínculo com a revolução proletária*; de esses teóricos da revolução proletária pura renunciarem voluntariamente aos mais autênticos e importantes aliados do proletariado; de desprezarem aquele meio revolucionário que dá à revolução proletária uma perspectiva concreta e, assim, esperarem no vácuo uma revolução proletária "pura", com o que pensam estar ajudando a prepará-la. "Quem espera uma revolução social pura", diz Lênin, "jamais chegará a vivenciá-la, e é um revolucionário apenas nas palavras, um revolucionário que não entende a verdadeira revolução."

A verdadeira revolução é a transformação dialética da revolução burguesa em proletária. O fato histórico indiscutível de que a classe dirigente e beneficiária das grandes revoluções burguesas do passado tenha se convertido numa classe objetivamente contrarrevolucionária não significa de modo algum que os problemas objetivos em torno dos quais girava essa revolução estejam socialmente resolvidos, que aquelas camadas da sociedade que tinham um interesse vital em sua solução revolucionária estejam satisfeitas. Ao contrário. A virada contrarrevolucionária da burguesia significa não apenas sua hostilidade contra o proletariado, mas, ao mesmo tempo, o desvio em relação a suas próprias tradições revolucionárias. *Ela abandona ao proletariado o legado de seu passado revolucionário*. O proletariado passa a ser, então, a única classe capaz de levar até o fim, de maneira consequente, a revolução burguesa. Isso significa, por um lado, que apenas no âmbito de uma revolução proletária podem ser realizadas as exigências ainda atuais da revolução burguesa e, por outro, que a realização consequente dessas exigências conduz necessariamente a uma revolução proletária. Hoje, portanto, a revolução proletária significa a um só tempo a efetivação e a superação da revolução burguesa.

O conhecimento correto desse fato abre uma imensa perspectiva para as chances e as possibilidades da revolução proletária. Mas, ao mesmo tempo, impõe enormes exigências ao proletariado revolucionário e a seu partido dirigente. Pois, para encontrar essa passagem dialética, o proletariado tem não apenas de alcançar um conhecimento correto do contexto correto, como também superar em si, no plano prático, todas as inclinações pequeno-burguesas, hábitos de pensamento etc. que bloquearam a visão clara de todos esses nexos. (Por exemplo, os preconceitos nacionais.) Disso resulta, para o proletariado, a necessidade *de elevar-se, mediante sua autossuperação, à posição de guia de todos os oprimidos*. A luta pela autonomia nacional dos povos oprimidos é uma obra grandiosa da autoformação revolucionária, tanto para o proletariado do povo opressor, que, ao conquistar sua plena autonomia nacional, supera seu próprio nacionalismo, quanto para o proletariado do povo oprimido, que, sob a bandeira do federalismo, supera seu nacionalismo em favor da solidariedade proletária internacional. Como diz Lênin: "[...] o proletariado luta pelo socialismo e contra suas próprias fraquezas". A luta pela revolução, o uso das chances objetivas da situação mundial e a luta interna pela maturidade da consciência revolucionária da classe são momentos inseparáveis de um único e mesmo processo dialético.

Assim, a guerra imperialista cria aliados por toda parte para o proletariado, *quando este luta revolucionariamente contra a burguesia*. Mas quando o proletariado não conhece sua situação e suas tarefas, ela o força a um terrível autodilaceramento em nome da burguesia. A guerra imperialista cria uma situação mundial em que o proletariado pode realmente se tornar o líder de todos os oprimidos e explorados e sua luta de libertação pode se converter no sinal e no guia para a libertação de todos os escravizados do capitalismo. Mas ela cria também uma situação mundial em que milhões e milhões de proletários são obrigados a se assassinar mutuamente com a mais refinada crueldade a fim de assegurar e expandir a posição monopolista de seus exploradores. Qual desses dois destinos está reservado ao proletariado *depende da visão que ele tem de sua situação histórica, de sua consciência de classe*. Pois "os homens fazem a sua própria história", porém "não são eles quem escolhem as circunstâncias sob as quais ela é feita, mas estas lhes foram transmitidas assim como se encontram"*. Portanto, não se trata de o proletariado ter de escolher *se quer* ou não lutar, mas *pelos interesses de quem* ele deve lutar, pelos seus próprios ou pelos da burguesia. A questão que a situação histórica impõe ao proletariado *é não a escolha entre a guerra e a paz, mas entre a guerra imperialista e a guerra contra essa guerra: a guerra civil.*

A necessidade da guerra civil como defesa do proletariado contra a guerra imperialista surge, como todas as formas de luta do proletariado, das condições de luta que o desenvolvimento da produção capitalista e da sociedade civil impõe ao proletariado. A atividade do partido, a visão teórica correta servem apenas para dar ao proletariado a força de resistência ou de ataque que, numa situação dada, ele já possui objetivamente em razão de sua posição de classe, mas que, devido a sua imaturidade teórica e organizacional, ele não eleva à altura do objetivamente possível. Foi assim que, antes da guerra imperialista, a greve geral surgiu como reação espontânea do proletariado contra a fase imperialista do capitalismo, e esse fato, que a direita e o centro da Segunda Internacional tentaram encobrir por todos os meios, converteu-se progressivamente num patrimônio teórico da ala radical.

Mas também aqui Lênin foi o único que, desde muito cedo, em 1905, reconheceu que a greve geral não era suficiente como arma na luta decisiva. Quando qualificou o fracassado levante de Moscou como uma etapa crucial e procurou fixar suas experiências concretas – contrapondo-se a Plekhanov, que defendia que "não se devia ter pegado em armas" –, *Lênin fundou teoricamente a tática necessária do proletariado na guerra mundial*. A fase imperialista do capitalismo e, em especial, seu ápice na guerra mundial mostram que o capitalismo chegou ao momento da decisão sobre sua permanência ou derrocada. E com o correto instinto classista próprio de uma classe que está habituada a imperar e tem consciência de que paralelamente à expansão do âmbito de seu poder e ao desenvolvimento de seu aparelho estatal torna-se cada vez mais estreita a base real de sua dominação, ela faz as mais enérgicas tentativas tanto de ampliar essas bases (atraindo as camadas médias, corrompendo a aristocracia operária etc.) quanto de golpear seus inimigos decisivos antes que eles possam lhe oferecer uma resistência efetiva. Por isso, é a burguesia

---

* Karl Marx, *O 18 de brumário de Luís Bonaparte* (São Paulo, Boitempo, 2011), p. 25. (N. E.)

que liquida, em toda parte, as formas "pacíficas" de luta de classes – formas em cujo funcionamento, mesmo que problemático, estava fundada toda a teoria do revisionismo –, preferindo meios de luta "mais enérgicos". (Basta pensarmos na América.) Ela se apodera do aparelho estatal com força cada vez maior, identificando-se com ele com tamanha energia que mesmo as exigências de aparência meramente econômica da classe trabalhadora chocam-se contra essa muralha, de modo que os trabalhadores são forçados a entrar em luta contra o poder estatal (portanto, mesmo que inconscientemente, a lutar pelo poder do Estado) a fim de evitar a deterioração de sua situação econômica, a perda das posições conquistadas. Assim, por esse desenvolvimento, o proletariado é levado à tática das greves de massas, com que o oportunismo, por medo da revolução, inclina-se sempre a abandonar o já conquistado, em vez de extrair as consequências revolucionárias da situação. Mas a greve geral é, segundo sua essência objetiva, um meio revolucionário. Toda greve geral cria uma situação revolucionária em que a burguesia, com ajuda de seu aparelho estatal, extrai as consequências que lhe são necessárias. Contra esses meios, no entanto, o proletariado é impotente. Também a arma da greve geral fracassa se, diante das armas da burguesia, o proletariado *não recorre também às armas*. Isso significa o esforço para armar a si mesmo, desorganizar o exército da burguesia, que é formado em sua maior parte por trabalhadores e camponeses, voltando as armas da burguesia contra ela mesma. (A revolução de 1905 mostra inúmeros exemplos de um instinto de classe muito correto; nesse ponto, porém, tal instinto não ultrapassa aquilo que ele é: um instinto.)

Ora, a guerra imperialista significa a culminância dessa situação. A burguesia coloca o proletariado diante da escolha: ou matar seus companheiros de classe nos outros países em nome de seus interesses monopolistas, ou morrer por esses interesses, ou derrubar o domínio da burguesia mediante a força armada. Todos os outros meios de luta contra essa violência extrema tornam-se impotentes, pois estão condenados, sem exceção, a despedaçar-se contra o aparelho militar dos Estados imperialistas. Portanto, se o proletariado quer escapar dessa violência extrema, ele próprio tem de assumir a luta contra esse aparelho militar, destruí-lo por dentro e dirigir contra a burguesia as armas que a burguesia imperialista foi forçada a dar ao povo, empregando-as assim para a derrubada do imperialismo.

Portanto, aqui, no plano teórico, não há nada absolutamente extraordinário. Ao contrário. O núcleo da situação é a relação de classe entre burguesia e proletariado. A guerra, segundo Clausewitz, nada mais é do que a continuação da política, porém ela o é *em todos os sentidos*. Isto é, para a política externa de um Estado, a guerra não apenas significa a extrema e ativa consecução da linha que ele segue em "tempos de paz", como também, para a divisão interna de classes de um país (e de todo o mundo), a guerra acentua ao máximo e leva ao extremo as tendências que, em tempos de paz, manifestavam-se ativamente no interior da sociedade. Assim, a guerra não cria uma situação absolutamente nova nem para um país nem para uma classe no interior de uma nação. O que ela tem de novo é apenas o fato de que o aumento quantitativo de todos os problemas os converte em problemas qualitativos, provocando assim – e somente assim – uma nova situação.

Considerada do ponto de vista socioeconômico, a guerra não é mais do que uma etapa do desenvolvimento imperialista do capitalismo. Por isso, ela também é, necessariamente, apenas uma etapa na luta do proletariado contra a burguesia. A importância da teoria leniniana do imperialismo reside no fato de Lênin ter estabelecido de maneira teoricamente consequente – o que ninguém conseguiu realizar, além dele – esse nexo entre a guerra mundial e a evolução geral, demonstrando-o claramente à luz dos problemas concretos da guerra. Mas como o materialismo histórico é a teoria da luta de classes proletária, o estabelecimento desse nexo teria ficado incompleto *se a teoria do imperialismo não fosse, ao mesmo tempo, uma teoria das correntes do movimento operário na era imperialista*. Portanto, não bastava apontar claramente como o proletariado teria de atuar de acordo com seus interesses de classe na nova situação mundial criada pela guerra, mas era necessário, ao mesmo tempo, mostrar como se fundamentavam teoricamente os outros posicionamentos "proletários" diante do imperialismo e de sua guerra, quais camadas do proletariado aderiam a essas teorias, elevando-as, assim, à condição de correntes políticas.

Sobretudo, era necessário demonstrar que essas correntes existiam de fato como correntes. Demonstrar que o posicionamento da social-democracia em relação à guerra não foi a consequência de um equívoco (momentâneo), de uma covardia etc., mas uma consequência necessária de sua evolução anterior. Que, portanto, *esse posicionamento tinha de ser compreendido a partir da história do movimento operário* e em conexão com as "diferenças de opinião" existentes no interior da social-democracia (revisionismo etc.). Esse ponto de vista, que teria de ser algo evidente para o método marxista (basta pensar no tratamento das correntes contemporâneas no *Manifesto Comunista*), não foi aceito com facilidade nem mesmo pelas alas revolucionárias do movimento operário. Mesmo o grupo da "Internacional", o grupo de Rosa Luxemburgo e Franz Mehring, não estava em condições de pensar e aplicar de forma coerente esse ponto de vista metodológico. Mas é claro que qualquer condenação do oportunismo e de seu posicionamento diante da guerra que não o apreenda como uma corrente historicamente identificável do movimento operário e não conceba seu presente como o resultado orgânico de seu passado é incapaz tanto de se elevar à altura mais elementar da discussão marxista quanto de extrair dessa condenação as consequências prático-concretas e tático-organizacionais que são necessárias no momento da ação.

Para Lênin – e, uma vez mais, apenas para ele –, estava claro desde o início da guerra mundial que a posição de Scheidemann, Plekhanov, Vandervelde etc. em relação a ela não era mais do que a *aplicação consequente dos princípios do revisionismo à situação do presente*.

Mas em que consiste, em suma, a essência do revisionismo? Em primeiro lugar, na tentativa de superar a "unilateralidade" do materialismo histórico, que considera *todos* os fenômenos histórico-sociais *exclusivamente* do ponto de vista classista do proletariado. Já o revisionismo escolhe o ponto de vista dos interesses de "toda a sociedade". Mas como esses interesses gerais, considerados concretamente, não existem, e como o que poderia mostrar isso é apenas um resultado momentâneo da mútua influência que as classes em luta exercem umas sobre as outras, o revisionista *apreende o resultado sempre cambiante do processo histórico como um ponto de partida metodológico invariável*. Com isso, ele inverte a ordem das coisas também no plano teórico. Do ponto de vista prático, sua essência é, dado seu ponto de partida teórico, um compromisso constante e necessário. O revisionismo é sempre eclético, isto é, procura já teoricamente abafar e neutralizar as oposições entre as classes, convertendo a unidade que só existe em sua cabeça num critério para a avaliação dos acontecimentos.

Em segundo lugar, o revisionista condena por essa razão a *dialética*. Pois a dialética nada mais é do que a expressão conceitual do fato de que o desenvolvimento da sociedade se move, na verdade, por contradições, que essas contradições (as contradições entre as classes, a essência antagonista de seu ser econômico etc.) são a base e o núcleo de todo acontecimento e que a "unidade" da sociedade, na medida em que repousa sobre a divisão de classes, é apenas um conceito abstrato, um resultado (sempre provisório) da ação recíproca dessas contradições. Mas como a dialética, como método, não é mais do que a formulação teórica do fato social de que a sociedade se desenvolve contraditoriamente, por meio da superação de contradições sucessivas, *portanto de modo revolucionário*, a condenação teórica da dialética significa necessariamente um rompimento de princípio com todo comportamento revolucionário.

Em terceiro lugar, na medida em que os revisionistas se negam a reconhecer a existência efetiva da dialética com seu movimento por contradições – que, por isso, produz sempre o *novo* –, desaparece de seu pensamento o elemento histórico, o concreto, o novo. A realidade que eles vivem está submetida a "leis eternas, brônzeas", que agem de modo mecânico e esquemático, produzindo incessantemente – e segundo sua essência – *o mesmo*, e às quais os homens estão submetidos de modo fatalista como se fossem leis da natureza. Assim, para saber a direção futura do destino do proletariado, bastaria conhecer essas leis de uma vez por todas. A suposição de que possam surgir situações novas, não previstas por essas leis, ou situações cuja resolução dependa da decisão do proletariado, é algo não científico para os revisionistas. (A superestimação da grande individualidade, da ética etc. é apenas o antípoda necessário dessa concepção.)

Em quarto lugar, essas leis são *as leis do desenvolvimento capitalista*, e ressaltar seu valor supra-histórico implica que, para os revisionistas, tanto quanto para a burguesia, a sociedade capitalista é *a* realidade, que não pode ser modificada em sua essência. O revisionista não concebe a sociedade burguesa como algo historicamente existente e, por isso, historicamente condenado a perecer, tampouco a ciência como o meio para determinar essa derrocada e trabalhar para acelerá-la, mas – no melhor dos casos – como um meio para melhorar a situação do proletariado *no interior da sociedade burguesa*. Todo pensamento que ultrapassa praticamente o horizonte da sociedade burguesa é, para o revisionismo, um pensamento ilusionista, um utopismo.

Em quinto lugar, o revisionismo adota, por isso, uma posição política "realista". *Ele sempre sacrifica os interesses reais de toda a classe*, cuja representação consequente chama de utopismo, *em favor dos interesses imediatos de determinados grupos*. E é evidente – já a partir dessas poucas observações – que o revisionismo só se tornou uma corrente efetiva no movimento operário porque o novo desenvolvimento do capitalismo possibilita que certas camadas da classe operária obtenham – provisoriamente – vantagens econômicas dessa situação. E também porque a forma de organização dos partidos operários assegura a essas camadas e a seus representantes intelectuais uma influência maior do que a que amplas massas revolucionárias do proletariado podem exercer – mesmo que de modo confuso e puramente instintivo.

O ponto em comum entre todas as correntes oportunistas – o fato de que jamais consideram os acontecimentos a partir do ponto de vista do proletariado e, por isso, caem numa *realpolitik* anistórica e não dialética, eclética – conecta suas diferentes concepções da guerra umas às outras e apresenta-as, sem exceção, como consequências necessárias do oportunismo anterior. A submissão incondicional da ala direita às potências imperialistas do "próprio" país deriva organicamente da visão de que a burguesia é a classe dirigente do desenvolvimento histórico e o proletariado é a classe que deve apoiá-la em seu "papel progressista". Quando Kautsky qualifica a Internacional como ineficaz para a guerra, como mero instrumento da paz, ele não diz nada diferente do que dizia o menchevique russo Tcherevanin, que, após a primeira revolução russa, rompeu em lamentações: "Todavia, no meio do fogo revolucionário, em que os objetivos revolucionários parecem tão próximos de sua realização, é muito difícil traçar uma via para uma tática menchevique razoável" etc.

O oportunismo se diferencia *de acordo com as camadas da burguesia* nas quais ele tenta se apoiar e a cuja submissão ele tenta arrastar o proletariado. Tais camadas podem ser, como na ala direita, a indústria pesada e o capital bancário. Nesse caso, o imperialismo é incondicionalmente reconhecido como necessário. O proletariado deve encontrar a realização de seus interesses *na* guerra imperialista, *na* grandeza, *na* vitória da "própria" nação. Ou pode buscar uma aliança com aquelas camadas da burguesia que são forçadas a participar dessa evolução, porém sentem-se relegadas ao segundo plano, praticamente se submetem (e têm de se submeter) ao imperialismo, porém lastimam essa submissão e "desejam" uma mudança nessa situação, e, por essa razão, aspiram ao rápido restabelecimento da paz, ao livre-câmbio, ao retorno do estado de coisas "normal" etc. Sem que, é evidente, jamais estejam em condições de atuar como oponentes ativos do imperialismo. Ao contrário, só podem lutar – em vão – por sua parte no butim imperialista (partes da indústria ligeira, a pequena burguesia etc.). Dessa perspectiva, o imperialismo parece "contingente"; procura-se uma solução pacífica, uma neutralização das contradições. E o proletariado – que o centro quer ver submetido a essas camadas – não deve lutar ativamente contra a guerra (mas não lutar significa tomar parte ativa na guerra). Ele deve apenas proclamar a necessidade de uma paz "justa" etc.

A Internacional é a expressão orgânica da comunidade de interesses do proletariado mundial. No momento em que se reconhece como teoricamente possível que trabalhadores lutem contra trabalhadores a serviço da burguesia, a Internacional deixa de existir na prática. E no momento em que se torna evidente que essa luta sangrenta de trabalhadores contra trabalhadores em benefício de potências imperialistas rivais é uma consequência necessária do comportamento anterior dos elementos decisivos da Internacional, não se pode mais falar em sua recuperação, em recolocá-la no caminho correto, em seu restabelecimento. Reconhecer o oportunismo como corrente significa *denunciá-lo como o inimigo de classe do proletariado em seu próprio campo*. A extirpação dos oportunistas do seio do movimento operário é, portanto, a condição primeira, indispensável para a luta vitoriosa contra a burguesia. Para a preparação da revolução proletária, é absolutamente necessário que os trabalhadores se libertem, tanto espiritual quanto organizacionalmente, dessa influência que lhes é prejudicial. E como se trata aqui da luta de toda a classe contra a burguesia mundial, depreende-se dessa luta contra o oportunismo, como consequência necessária, a criação de uma nova Internacional proletário-revolucionária.

O mergulho da velha Internacional na lama do oportunismo é a consequência de uma época cujo caráter revolucionário não podia ser detectado na superfície. Sua derrocada, a necessidade de uma nova Internacional, é um sinal de que a passagem para a época das guerras civis tornou-se inevitável. Isso não significa em absoluto que se deva lutar imediata e diariamente nas barricadas, mas sim que essa necessidade *pode* se apresentar a qualquer momento, todos os dias, e que a história pôs a guerra civil na ordem do dia. E um partido do proletariado e mesmo uma Internacional só podem ser eficazes se reconhecerem claramente essa necessidade e prepararem espiritual, material, teórica e organizacionalmente o proletariado para ela e para suas consequências.

Essa preparação tem de começar pela compreensão do caráter da época. Somente quando a classe operária reconhecer na guerra mundial a consequência necessária da evolução imperialista do capitalismo, quando tiver clareza de que *a guerra civil é a única defesa possível* contra sua destruição a serviço do imperialismo, é que poderá ter início a preparação material e organizacional dessa defesa. E apenas quando essa defesa for eficaz a surda agitação de todos os oprimidos se converterá na aliança com o proletariado em luta por sua libertação. De modo que o proletariado tem de começar por adquirir sua correta consciência de classe, que se apresenta diante dele de modo absolutamente visível, a fim de, com sua ajuda, tornar-se líder da verdadeira luta de libertação, da autêntica revolução mundial. A Internacional, que surge da e para essa luta, é assim a unificação teoricamente clara e apta para a luta dos elementos da classe trabalhadora; ao mesmo tempo, porém, é o órgão e o centro da luta de libertação de todos os oprimidos do mundo inteiro. *Ela é o partido bolchevique, a concepção leniniana do partido em escala mundial.* Da mesma forma como a guerra mundial evidenciou, no macrocosmo de uma gigantesca destruição mundial, as potências do capitalismo decadente e as possibilidades da luta contra ele, assim também Lênin viu muito claramente, no microcosmo do incipiente capitalismo russo, as possibilidades da revolução russa.

5. O Estado como arma

A essência revolucionária de uma época expressa-se de modo mais visível no momento em que a luta das classes e dos partidos deixa de possuir o caráter de luta no interior de determinado ordenamento estatal, com a implosão de suas fronteiras e a superação de seus limites. Por um lado, ela aparece como luta *pelo* poder do Estado e, por outro, o próprio Estado torna-se claramente *um participante* da luta. Não se luta apenas *contra* o Estado, mas o Estado mesmo revela seu caráter como *arma da luta de classes*, como um dos mais importantes instrumentos para a manutenção da dominação de classe.

Esse caráter do Estado é reconhecido por Marx e Engels e investigado em todas as suas relações com o desenvolvimento histórico, com a revolução proletária. Marx e Engels lançaram, de modo absolutamente inequívoco, as bases teóricas de uma teoria do Estado no terreno do materialismo histórico. Mas é precisamente aqui que o oportunismo, de modo coerente consigo mesmo, distancia-se mais de Marx e Engels. Porque, em qualquer outro ponto, era possível apresentar a "revisão" de teorias econômicas isoladas, de modo que seus fundamentos continuassem a concordar com a essência do método de Marx (linha de Bernstein), ou submeter teorias econômicas fundamentadas "ortodoxamente" a uma transformação mecanicista-fatalista, não dialética e não revolucionária (linha de Kautsky). Mas a simples colocação dos problemas que Marx e Engels consideravam questões fundamentais de sua teoria do Estado significa já o reconhecimento da revolução proletária. O oportunismo de todas as tendências dominantes na Segunda Internacional revela-se com maior nitidez no fato de que ninguém se ocupou com o problema do Estado; nesse ponto, que é o ponto fundamental, não há nenhuma diferença entre Kautsky e Bernstein. Todos, sem exceção, assumiram simplesmente o Estado da sociedade burguesa. E, quando o criticavam, sua única preocupação era combater formas de manifestação ou exteriorização do Estado prejudiciais ao proletariado. O Estado foi considerado exclusivamente do ponto de vista dos interesses particulares imediatos, e sua essência nunca foi investigada e valorizada do ponto de vista da totalidade da classe proletária. E a imaturidade e falta de clareza revolucionárias da ala esquerda da Segunda Internacional mostram-se igualmente no fato de que também ela era incapaz de elucidar o problema do Estado. Ela chegou algumas vezes *até* o problema da revolução, ao problema da luta *contra* o Estado, mas não foi capaz de apresentar concretamente a questão, mesmo que de maneira puramente teórica, e muito menos esclarecer na prática suas consequências concretas para a realidade histórica atual.

Também aqui Lênin foi o único que alcançou a altura teórica da concepção marxiana, a pureza do posicionamento proletário-revolucionário diante do problema do Estado. E, mesmo que se limitasse a isso, sua realização já seria uma realização teórica de alto nível. Mas essa recuperação da teoria marxiana do Estado não é, em Lênin, nem um restabelecimento filológico da doutrina originária nem uma sistematização filosófica de seus verdadeiros princípios, mas – como em toda parte – sua continuidade no concreto, sua concretização no plano prático atual. *Lênin reconheceu e demonstrou que a questão do Estado havia sido posta na ordem do dia para o proletariado em luta.* Com isso, tomou o caminho da concretização decidida do problema – para nos mantermos na questão. Pois a possibilidade objetiva do mascaramento oportunista da teoria – absolutamente clara – do Estado do materialismo histórico residia no fato de que, antes de Lênin, essa teoria só havia sido tratada como teoria geral, como explicação histórica, econômica, filosófica etc. da essência do Estado. Sem dúvida, Marx e Engels captaram nas manifestações revolucionárias concretas de seu tempo o progresso real do pensamento proletário do Estado (Comuna) e apontaram sem condescendência os erros que as falsas teorias do Estado acarretam para a direção da luta de classes proletária (*Crítica do Programa de Gotha**). No entanto, nem mesmo seus discípulos mais diretos,

---

* São Paulo, Boitempo, 2012. (N. E.)

os melhores líderes dessa época, apreenderam o *nexo* entre o problema do Estado e seu trabalho imediato. Para isso, foi necessário o gênio teórico de Marx e Engels, único capaz de vislumbrar a atualidade – em sentido histórico-
-mundial – dessa relação com as pequenas lutas do cotidiano. E, é evidente, o proletariado tinha ainda menos condições de vincular organicamente esse problema central com os problemas que se lhe apresentavam em suas lutas cotidianas. O problema adquiria cada vez mais o acento de uma "questão de objetivo final", cuja decisão pode ser relegada para o futuro.

Somente com Lênin o "futuro" tornou-se presente também no plano teórico. Mas é apenas quando a questão do Estado é reconhecida como problema crucial do presente que o proletariado pode considerar o Estado capitalista de modo concreto, não mais como seu entorno natural e imutável, como único ordenamento possível da sociedade para sua existência presente. Apenas esse posicionamento diante do Estado burguês dá ao proletariado *independência teórica* em relação a ele, converte seu comportamento em relação a ele numa questão puramente tática. Por exemplo, é evidente que tanto a tática da legalidade a qualquer preço quanto o romantismo da ilegalidade padecem da mesma falta de independência teórica em relação ao Estado burguês. O Estado burguês não é considerado o instrumento da luta de classes da burguesia, que deve ser tomado como um fator real de força, mas *não mais do que* tal fator; o respeito ao Estado é rebaixado a uma *simples questão de eficácia*.

Mas a análise leniniana do Estado como arma da luta de classes concretiza a questão de modo muito mais amplo. Não se limita apenas a expor as imediatas consequências práticas (táticas, ideológicas etc.) do conhecimento histórico adequado do Estado burguês, mas revela as linhas fundamentais do Estado proletário também de modo concreto e em seu vínculo orgânico com os outros meios de luta do proletariado. A divisão tradicional do trabalho do movimento operário (partido, sindicato, cooperativa) mostra-se, hoje, insuficiente para a luta revolucionária do proletariado. Parecem ser necessários órgãos que tenham condições de abarcar e conduzir à ação todo o proletariado e, além dele, todos os explorados da sociedade capitalista (camponeses, soldados). No entanto, por sua essência, esses órgãos, os sovietes, são, já no interior da sociedade burguesa, órgãos do proletariado que se organiza como classe. Com isso, a revolução entra na ordem do dia. Como diz Marx: "A organização dos elementos revolucionários como classe pressupõe a existência consumada de todas as forças produtivas que podiam se desenvolver no seio da velha sociedade".

Essa organização de toda a classe tem de empreender – queira ela ou não – a luta contra o aparelho estatal da burguesia. Não há escolha: ou os conselhos proletários desorganizam o aparelho estatal burguês, ou este acaba por corromper os conselhos, reduzindo-os a uma existência aparente e, com isso, aniquilando-os. Cria-se uma situação em que ou a burguesia opera uma repressão contrarrevolucionária do movimento revolucionário de massas e restabelece as condições "normais", a ordem, ou dos conselhos, das organizações de luta do proletariado surge sua própria organização de domínio, seu aparelho estatal, que, por sua vez, também é uma organização da luta de classes. Os conselhos operários mostram esse caráter já em 1905, em suas formas iniciais e menos desenvolvidas: *eles são um contragoverno*. Enquanto outros órgãos da luta de classes ainda se adaptam taticamente a uma época de domínio indiscutível da burguesia, podendo operar revolucionariamente nessas circunstâncias, faz parte da essência do conselho operário estabelecer uma relação de concorrência com o poder estatal da burguesia, tornando-se um governo paralelo em permanente disputa com ele. Portanto, quando Martov reconhece os conselhos como órgãos de luta, mas nega sua capacidade de se tornar aparelho de Estado, ele elimina da teoria precisamente a revolução, a tomada real de poder do proletariado. Quando, ao contrário, teóricos isolados da extrema esquerda fazem do conselho operário uma organização classista permanente do proletariado e pretendem que ela substitua o partido e o sindicato, demonstram não compreender a diferença entre situações revolucionárias e não revolucionárias e não ter clareza da verdadeira função dos conselhos operários. Não sabem que o simples reconhecimento da possibilidade concreta dos conselhos operários ultrapassa os limites da sociedade burguesa e é uma perspectiva da revolução proletária (de modo que o conselho operário tem de ser incessantemente difundido no proletariado, e este último tem de se preparar incessantemente para essa tarefa), e que sua verdadeira existência – se não se trata de uma farsa – significa já a luta decisiva pelo poder do Estado, isto é, a guerra civil.

O conselho operário como aparelho estatal não é senão *o Estado como arma na luta de classes do proletariado*. A concepção não dialética e, por isso, anistórica e não revolucionária do oportunismo parte do fato de que o proletariado combate a dominação de classe da burguesia e esforça-se para implantar uma sociedade sem classes e, disso, conclui que o proletariado, como adversário da dominação de classes da burguesia, tem de ser adversário de toda e qualquer dominação de classes e, por conseguinte, sua própria forma de dominação não pode de modo algum ser um órgão da dominação de classe, da opressão de classe. Essa visão geral, considerada abstratamente, é uma utopia, pois a dominação do proletariado jamais poderá se produzir na realidade. Mas, quando é apreendida mais concretamente e aplicada no presente, ela se mostra uma *capitulação ideológica diante da burguesia*. A forma mais desenvolvida de dominação da burguesia, a democracia, aparece, para essa concepção, no mínimo como uma forma prévia de democracia proletária; porém, na maioria das vezes, ela aparece como essa democracia mesma, na qual se deve cuidar simplesmente – mediante a agitação pacífica – para que a maioria da população seja atraída pelos "ideais" da social-democracia. Portanto, a passagem da democracia burguesa para a democracia proletária não é necessariamente revolucionária. Revolucionária é apenas a passagem das formas atrasadas de Estado para a democracia; em determinadas circunstâncias, é necessária uma defesa revolucionária da democracia contra a reação social. (Quão desimportante e contrarrevolucionária é essa separação mecânica entre revolução proletária e revolução burguesa mostra-se na prática no fato de que a social-democracia jamais ofereceu resistência séria a qualquer reação fascista por meio da defesa revolucionária da democracia.)

Em decorrência dessa visão, não apenas a revolução é excluída do desenvolvimento histórico e apresentada por meio de todo tipo de transições construídas de modo mais ou menos acurado como uma "progressão natural" para o socialismo, mas também *o caráter classista burguês da democracia é ocultado do proletariado*. O momento da ilusão reside *no conceito da maioria, compreendido de modo não dialético*. De fato, como a dominação da classe trabalhadora representa, por sua essência, os interesses da maioria da população, em muitos trabalhadores surge muito facilmente a ilusão de que uma democracia pura, formal, na qual a voz de cada um dos cidadãos tem um valor igual, seria o instrumento mais apropriado para expressar e representar os interesses da coletividade. Aqui, no entanto, esquece-se somente – somente! – o pequeno detalhe de que os homens não são indivíduos abstratos, cidadãos abstratos, átomos isolados de um todo estatal, mas são, sem exceção, homens concretos, que ocupam um lugar determinado na produção social e cujo ser social (e, com isso, seu pensamento etc.) é determinado por essa posição. A democracia pura da sociedade burguesa anula essa mediação: ela liga imediatamente o indivíduo puro e simples, o indivíduo abstrato, com a totalidade do Estado, que, nesse contexto, aparece de modo igualmente abstrato. Já por meio desse caráter formal essencial à democracia pura, *a sociedade burguesa é pulverizada politicamente*. O que não significa uma mera vantagem para a burguesia, mas o pressuposto decisivo de sua dominação de classe.

Por mais que uma dominação de classe se baseie, em última instância, na violência, nenhuma dominação de classe pode se sustentar por muito tempo exclusivamente na violência. Segundo Talleyrand: "Pode-se fazer de tudo com as baionetas, exceto sentar sobre elas". *Toda dominação por parte de uma minoria é socialmente organizada de forma tal que a classe dominante é concentrada e prepara-se para a ação unitária e articulada, ao mesmo tempo que as classes dominadas são desorganizadas e fragmentadas*. No domínio minoritário da burguesia moderna é preciso ter sempre em mente que a maioria da população não pertence a nenhuma das classes que se confrontam na luta de classes, nem ao proletariado, nem à burguesia; e que, desse modo, a pura democracia tem a função social, classista, de garantir à burguesia a direção dessas camadas médias. (É óbvio que nisso se inclui a desorganização ideológica do proletariado. Quanto mais antiga a democracia num país, quanto mais puro seu desenvolvimento, maior a desorganização ideológica, como se pode observar claramente na Inglaterra e na América do Norte.) Sem dúvida, tal democracia política jamais seria suficiente para atingir esses fins. Ela é apenas o ponto político culminante de um sistema social cujos outros elos são: a separação ideológica entre economia e política, a criação de um aparelho estatal burocrático, que desperta em grande parte da pequena burguesia um interesse material e moral pela preservação do Estado, o sistema partidário burguês, a imprensa, a escola, a religião etc. Numa divisão do trabalho mais ou menos consciente, todos perseguem o mesmo objetivo: evitar que surja nas classes oprimidas da população uma ideologia autônoma, que corresponda a seus interesses próprios de classe; estabelecer o vínculo entre os "cidadãos" singulares etc. com o Estado abstrato, que reina acima das classes; *desorganizar essas classes como classes*, pulverizando-as em átomos facilmente manipuláveis pela burguesia.

A consciência de que os conselhos (dos trabalhadores e dos camponeses e dos soldados) são o poder estatal do proletariado significa *a tentativa do proletariado* – como classe dirigente da revolução – *de reagir a esse processo de desorganização*. Antes de tudo, ele tem de constituir a si mesmo como classe. Paralelamente, porém, pretende preparar para a ação os elementos mais ativos das camadas médias, que se voltam instintivamente contra o domínio da burguesia. Ao mesmo tempo, no entanto, é preciso romper a influência material e ideológica da burguesia sobre as outras partes dessas classes. Oportunistas mais inteligentes, como, por exemplo, Otto Bauer, também perceberam que o sentido social da ditadura do proletariado, da ditadura dos conselhos, reside em grande parte *em arrancar radicalmente da burguesia a possibilidade de uma direção ideológica dessas classes, em especial dos camponeses, e garantir essa direção ao proletariado durante o período de transição*. A opressão da burguesia, a destruição de seu aparelho estatal, a eliminação de sua imprensa etc. é uma necessidade vital da revolução proletária, porque a burguesia, após suas primeiras derrotas na luta pelo poder estatal, não renuncia ao restabelecimento de seu papel dominante no plano econômico e político e permanece muito tempo como a classe mais poderosa, mesmo no contexto de uma luta de classes travada em condições diferentes.

Assim, com ajuda do sistema dos conselhos, o proletariado como Estado dá continuidade à mesma luta travada anteriormente por ele pelo poder do Estado e contra o poder estatal capitalista. Ele tem de aniquilar a burguesia economicamente, isolá-la politicamente, destruí-la e submetê-la ideologicamente. Ao mesmo tempo, porém, o proletariado tem de se transformar, para todas as outras camadas da sociedade que ele libertar do jugo da burguesia, no guia que as conduzirá à liberdade. Isso significa que não basta que o proletariado lute *objetivamente pelos interesses* das outras camadas exploradas. Sua forma estatal também deve servir para superar didaticamente a apatia e a fragmentação dessas camadas, *educando-as para a ação, para a participação autônoma na vida do Estado*. Uma das funções mais importantes do sistema de conselhos é conectar entre si todos os momentos da vida social que o capitalismo dissocia. E, quando houver essa dissociação na consciência das classes oprimidas, ele deve lhes mostrar a conexão entre esses momentos. O sistema de conselhos forma, por exemplo, uma unidade inseparável de economia e política; desse modo, reúne a existência imediata dos homens, seus interesses cotidianos imediatos etc. às questões decisivas da coletividade. Mas também restabelece a unidade na realidade objetiva lá onde os interesses de classe da burguesia criaram uma "divisão do trabalho", sobretudo a unidade entre o "aparelho de poder" (exército, polícia, administração, justiça etc.) e o "povo".

Os camponeses e os trabalhadores armados como poder estatal são produto da luta dos conselhos e, ao mesmo tempo, pressuposto de sua existência. O sistema de conselhos procura, por toda parte, conectar a atividade dos homens com as questões gerais do Estado, da economia, da cultura etc., lutando para que a administração de todas essas questões não se torne privilégio de uma camada burocrática fechada, isolada do conjunto da vida social. Porque o sistema de conselhos, o Estado proletário torna a sociedade consciente da inter-relação real de todos os momentos da vida social (e num estágio ulterior une objetivamente aquilo que hoje está objetivamente separado, por exemplo: a cidade e o campo, o trabalho espiritual e o físico etc.), ele é fator decisivo na organização do proletariado como classe. Aquilo que no proletariado da sociedade capitalista só existia como possibilidade alcança, aqui, sua existência efetiva; *a verdadeira energia produtiva do proletariado só pode despertar após a tomada do poder estatal*. Mas o que vale para o proletariado vale também para as outras camadas oprimidas da sociedade burguesa. Também elas só podem ganhar vida nesse contexto, por mais que continuem a ser dirigidas nesse ordenamento estatal. É óbvio que o fato de serem dirigidas no capitalismo implicava que não podiam tomar consciência de sua própria desintegração econômico-social, sua exploração e sua opressão. Agora, sob a condução do proletariado, elas não só podem viver de acordo com seus próprios interesses, como também desenvolver aquelas energias que até então permaneciam escondidas ou atrofiadas. O fato de serem dirigidas significa apenas que o âmbito e a orientação desse desenvolvimento são determinados pelo proletariado como a classe dirigente da revolução.

Para as camadas médias proletárias, o fato de serem dirigidas tem um significado materialmente muito distinto, conforme essa direção ocorra no Estado proletário ou na sociedade burguesa. Paralelamente, porém, há ainda uma distinção formal muito importante: *o Estado proletário é o primeiro Estado de classe da história que reconhece a si mesmo, de modo totalmente aberto e franco, como Estado de classe, como aparelho de dominação, como instrumento da luta de classes*. Essa franqueza, essa falta de hipocrisia torna possível o verdadeiro entendimento entre o proletariado e outras camadas da sociedade. Além disso, trata-se de um meio de extrema importância para a autoeducação do proletariado. Do mesmo modo como foi infinitamente importante despertar no proletariado a consciência de que a fase das lutas revolucionárias decisivas já havia começado e a luta pelo poder estatal, pela direção da sociedade já se encontrava em andamento, seria igualmente perigoso permitir que essa verdade se enrijecesse de modo não dialético. Seria muito perigoso se o proletariado, libertando-se da ideologia do pacifismo da luta de classes e compreendendo o significado histórico, a inexorabilidade da força, pensasse agora que *todos os problemas* do domínio do proletariado podem ser resolvidos *pela força* em todas as circunstâncias. Mas seria ainda mais perigoso se, por exemplo, surgisse no proletariado a ideia de que, com a conquista do poder estatal, a luta de classes chegou ao fim ou, no mínimo, a uma trégua. O proletariado precisa entender que a conquista do poder estatal é *apenas uma fase* dessa luta. Após a conquista do poder estatal, a luta torna-se ainda mais encarniçada, e não se pode dizer de modo algum que as relações de força se deslocaram de modo decisivo a favor do proletariado. Lênin não cansa de repetir que a burguesia ainda é a classe mais poderosa, mesmo no início da república dos conselhos, mesmo após sua expropriação econômica e enquanto é oprimida politicamente. Mas as relações de força se deslocaram, na medida em que o proletariado conquistou *uma nova e poderosa arma* para sua luta de classes: *o Estado*. Sem dúvida, o valor dessa arma, sua capacidade de destruir a burguesia, de isolá-la, de aniquilá-la, de atrair para seu campo as outras camadas da sociedade, educando-as para colaborar com o Estado dos trabalhadores e dos camponeses, de organizar efetivamente o próprio proletariado como classe dirigente, tudo isso não é dado automaticamente com a simples conquista do poder, tampouco o Estado se desenvolve necessariamente como meio de luta a partir da simples conquista do poder estatal. O valor do Estado com arma para o proletariado depende daquilo que o proletariado será capaz de *fazer* com ele.

A atualidade da revolução se expressa na atualidade do problema do Estado para o proletariado. Com isso, no entanto, o problema do próprio socialismo é deslocado da lonjura de um mero objetivo final para a proximidade de uma questão de atualidade imediata para o proletariado. Mas essa proximidade palpável da realização do socialismo é, por sua vez, uma relação dialética, e, para o proletariado, poderia ser desastroso se essa proximidade do socialismo fosse interpretada – de modo mecanicista-utópico – como sua realização por meio da mera tomada do poder (expropriação dos capitalistas, socialização etc.). Marx analisou com a máxima perspicácia a transição do capitalismo para o socialismo e apontou as múltiplas formas estruturais burguesas que só podem ser eliminadas passo a passo no curso de uma longa evolução. Lênin, por sua vez, traça a linha divisória com o utopismo de modo tão preciso quanto possível. Diz: "Creio que nenhum comunista jamais negou que a expressão 'república socialista de conselhos' expressa a determinação dos conselhos de realizar a transição para o socialismo e não é de modo algum uma aceitação das relações econômicas dadas como relações já socialistas". A atualidade da revolução significa, pois, a transformação do socialismo na questão imediata principal para o movimento operário. No entanto, apenas na medida em que, agora, é preciso lutar dia após dia pela realização de seus pressupostos e algumas das medidas concretas do dia já significam passos concretos no sentido de sua realização.

É precisamente nesse ponto, em sua crítica da relação entre soviete e socialismo que o oportunismo revela ter passado definitivamente para o campo da burguesia e se tornado um inimigo de classe do proletariado. Pois, por um lado, ele considera que todas as concessões aparentes e revogáveis a qualquer momento que a burguesia momentaneamente assustada ou desorganizada faz ao proletariado são passos efetivos em direção ao socialismo (basta pensar nas – há muito liquidadas – "comissões de socialização" de 1818-1819 na Alemanha e na Áustria) e, por outro, condena a República Soviética por não ter imediatamente dado vida ao socialismo, por ter feito apenas uma revolução burguesa sob formas proletárias e sob a liderança do proletariado ("A Rússia como república camponesa", "Nova implantação do capitalismo" etc.). Ambos os casos mostram que, para o oportunismo de todos os matizes, o *verdadeiro inimigo* a ser de fato combatido é *a própria revolução proletária*. Isso também não passa de uma continuação consequente da posição adotada em relação à guerra imperialista. Mas quando Lênin, na República Soviética, trata os oportunistas como inimigos da classe trabalhadora, ele não faz mais do que dar continuidade a sua crítica ao oportunismo de antes e durante a guerra. O *oportunismo também pertence à burguesia*, cujo aparato espiritual e material deve ser destruído e cuja estrutura deve ser desorganizada pela ditadura a fim de que sua influência não se estenda até as camadas instáveis da sociedade – que assim são por sua condição objetiva de classe. É justamente a atualidade do socialismo que torna essa luta muito mais intensa do que era, por exemplo, na época dos debates suscitados por Bernstein. O Estado como arma do proletariado na luta pelo socialismo, na opressão da burguesia é, ao mesmo tempo, sua arma para eliminar o perigo oportunista que ameaça a luta de classes do proletariado, luta que ele tem de prosseguir com igual fúria na ditadura.

6. *Realpolitik* revolucionária

O proletariado toma o poder do Estado e instaura sua ditadura revolucionária, o que significa que a questão da realização do socialismo entrou na ordem do dia. Um problema para o qual o proletariado não estava suficientemente preparado do ponto de vista ideológico. A *realpolitik* da social-democracia, que sempre tratou todos os problemas imediatos do cotidiano como simples problemas cotidianos, desvinculados do caminho do desenvolvimento total, sem relação com os problemas últimos da luta de classes e, portanto, sem jamais apontar de modo real e concreto para além do horizonte da sociedade burguesa, *voltou* a conferir ao socialismo, aos olhos dos operários, um caráter utópico. A separação entre o objetivo final e o movimento falsifica não apenas a correta perspectiva em relação às questões do cotidiano, do movimento, mas transforma ao mesmo tempo o objetivo final numa utopia. Esse retrocesso ao utopismo expressa-se de formas muito diferentes. Sobretudo no fato de que, aos olhos dos utopistas, o socialismo aparece não como um devir, mas como um ser. Quer dizer, investigam-se os problemas do socialismo – na medida em que são colocados – apenas do ponto de vista de suas questões econômicas, culturais etc. e das mais favoráveis soluções técnicas etc. que se poderão encontrar para esses problemas, quando o socialismo atingir o estágio de realização prática. Mas não se pergunta como tal situação é socialmente possível, como pode ser atingida, e tampouco como pode ser construída, em sentido social e concreto, a partir das relações de classes e das formas econômicas que o proletariado encontra no instante histórico em que se lhe apresenta a tarefa de realizar o socialismo. (Assim como Fourier, em sua época, analisou com precisão a instituição dos falanstérios sem poder mostrar a via concreta de sua realização.) O ecletismo oportunista, *a eliminação da dialética do método do pensamento socialista subtrai o próprio socialismo do processo histórico da luta de classes*. Essa é a razão por que aqueles que ficam presos a esse pensamento têm de ver de uma perspectiva deformada tanto os pressupostos da realização do socialismo quanto os problemas de sua realização. A falsidade dessa concepção fundamental é tão profunda que ela não só se apropria do pensamento dos oportunistas, para quem o socialismo permanece sempre como um fim último longínquo, como também perverte os revolucionários sinceros, conduzindo-os a noções distorcidas. Estes – grande parte da esquerda da Segunda Internacional – visualizaram corretamente o processo revolucionário, a luta pelo poder como processo, em conexão com as questões práticas do cotidiano, porém sem ter a capacidade de integrar nesse mesmo contexto a situação do proletariado após a tomada do poder e os problemas concretos derivados dessa situação. Aqui também eles se tornaram utopistas.

O extraordinário realismo com que Lênin tratou todos os problemas do socialismo durante a ditadura – o que foi reconhecido mesmo por seus adversários burgueses e pequeno-burgueses – é apenas *a aplicação coerente do marxismo*, da concepção histórico-dialética aos problemas cada vez mais atuais do socialismo. Nos escritos e discursos de Lênin – como, em geral, também nas obras de Marx – pode-se encontrar muito pouco sobre o *socialismo como uma situação realizada*. Ao contrário, encontra-se muito mais sobre os *passos* que podem conduzir à sua realização, porque não é possível imaginar o socialismo de maneira concreta, em seus detalhes. Por mais importante que seja o conhecimento teórico exato de sua estrutura fundamental, a importância desse conhecimento reside sobretudo no fato de que, com ele, obtemos um padrão de medida da correção dos passos que damos em sua direção. O conhecimento concreto do socialismo é – tanto quanto este mesmo – um produto da luta que se trava por sua realização; ele só pode ser adquirido na luta pelo socialismo, e apenas por meio dela. E toda tentativa de obter esse conhecimento sobre o socialismo por uma via diversa daquela de sua interação dialética com os problemas cotidianos da luta de classes transforma tal conhecimento numa metafísica, numa utopia, em algo meramente contemplativo, não prático.

O realismo de Lênin, sua *realpolitik*, é, portanto, a *liquidação decisiva de todo e qualquer utopismo*, a realização concreta do conteúdo do programa de Marx: uma teoria que se tornou prática, uma teoria da práxis. Lênin fez com o problema do socialismo o mesmo que fez com o problema do Estado: arrancou-o de seu isolamento metafísico, de seu aburguesamento, e *introduziu-o no contexto geral dos problemas da luta de classes*. Ele provou na prática, na vida concreta do processo histórico, as geniais indicações que Marx dera na *Crítica do Programa de Gotha* e em outros escritos, conferindo-lhes mais concreção e abrangência na realidade histórica do que fora possível na época de Marx, mesmo para um gênio como ele.

Os problemas do socialismo são, assim, os problemas da estrutura econômica e das relações de classe no momento em que o proletariado toma o poder estatal. Eles surgem imediatamente das condições em que o proletariado instaura sua ditadura e, por isso, só podem ser compreendidos e solucionados a partir desses problemas; no entanto, eles contêm – pelas mesmas razões – algo *fundamentalmente novo* em relação a essas condições e a todas as condições anteriores. Se é verdade que todos os seus elementos têm origem no passado, seu nexo com a manutenção e o fortalecimento do domínio do proletariado gera problemas que *não podiam* estar presentes em Marx nem em outras teorias surgidas antes e só podem ser apreendidos e solucionados a partir dessas condições essencialmente novas.

Desse modo, quando se busca seu contexto e sua fundamentação, a *realpolitik* de Lênin mostra-se *como o ponto mais alto já atingido pelo materialismo dialético*: de um lado, uma análise rigorosamente marxista, simples e sóbria, mas extremamente concreta das condições dadas, da estrutura econômica e das relações de classe; de outro, uma visão clara – não deformada por nenhum tipo de preconceito teórico e desejo utopista – de todas as novas tendências que resultam dessas condições. Mas essa exigência aparentemente simples e, de fato, surgida da essência da dialética materialista – que é, na verdade, uma teoria da história – não é fácil de ser satisfeita. Os hábitos de pensamento do capitalismo educaram todos os homens, sobretudo aqueles orientados cientificamente, no costume de querer sempre esclarecer o novo apenas a partir do antigo, em explicar o atual integramente a partir do passado. (O utopismo dos revolucionários é uma tentativa de sair do buraco puxando os próprios cabelos, de saltar para um mundo inteiramente novo em vez de compreender o surgimento dialético do novo a partir do antigo.) Diz Lênin:

Essa é a razão por que tantos são confundidos pelo capitalismo de Estado. Para não se deixar confundir, é preciso sempre pensar no fundamental, isto é, no fato de que o capitalismo de Estado, na forma como o conhecemos hoje, jamais foi analisado por teoria alguma, não existe literatura dedicada a ele, e pela simples razão de que todos os conceitos que se ligam a essa palavra dizem respeito ao poder burguês na sociedade capitalista. E temos um Estado que abandonou a via capitalista sem ter ainda ingressado em sua nova via.

Mas que conjuntura para a realização do socialismo é encontrada pelo proletariado russo que chegou ao poder? Em primeiro lugar, um capitalismo monopolista relativamente desenvolvido, em meio a um processo de desmoronamento causado pela guerra mundial, num país agrário atrasado, cujo campesinato só podia se libertar dos grilhões dos resquícios feudais em conjunto com a revolução proletária. Em segundo lugar, fora da Rússia, um ambiente capitalista hostil, disposto a empregar todas as armas à sua disposição contra o Estado operário e camponês recém-surgido e que seria forte o suficiente para esmagá-lo militar e economicamente, se não estivesse tão dividido pelas crescentes contradições do capitalismo imperialista, por rivalidades etc. de que o proletariado soube se aproveitar a seu favor. (Limitamo-nos a caracterizar apenas os dois complexos de problemas mais importantes; ainda assim, é impossível analisá-los de modo exaustivo em poucas páginas.)

A base material do socialismo – como forma econômica mais elevada que dissolve o capitalismo – só pode ser a reorganização, o desenvolvimento superior da indústria, sua adequação às necessidades das classes trabalhadoras, sua transformação no sentido de uma vida cada vez mais plena (supressão da contraposição entre cidade e campo, entre trabalho intelectual e físico etc.). O estágio em que se encontra essa base material do socialismo condiciona, por conseguinte, as possibilidades e os caminhos de sua realização concreta. E aqui, já no ano de 1917, antes da tomada do poder de Estado, Lênin determinou com clareza as condições econômicas e as tarefas que tais condições impunham ao proletariado.

À dialética da história deve-se precisamente que a guerra, ao acelerar enormemente a transformação do capitalismo monopolista em capitalismo monopolista de Estado, tenha aproximado enormemente, *por isso mesmo*, a humanidade do socialismo. A guerra imperialista é o prelúdio da revolução socialista. E isso não apenas porque a guerra engendra, com todo o seu horror, a sublevação proletária – nenhuma sublevação é capaz de criar o socialismo quando este não está economicamente maduro –, mas porque o capitalismo monopolista de Estado é uma perfeita preparação *material* para o socialismo, constituindo sua porta de entrada, na medida em que, na escala histórica, ele representa aquele *estágio imediatamente anterior* ao socialismo.

Em consequência, "o socialismo não é nada além de um capitalismo monopolista de Estado, *estabelecido em benefício* de todo o povo e que, nesse sentido, não é mais monopólio capitalista". E, no início de 1918:

> o capitalismo de Estado significaria um passo adiante no atual estado de coisas em nossa República Soviética. Se em meio ano, por exemplo, o capitalismo de Estado se estabelecesse firmemente em nosso país, isso representaria um grande triunfo e a mais segura garantia de que dentro de um ano o socialismo estaria de uma vez por todas estabelecido entre nós e seria invencível.

Essas passagens não podiam deixar de ser citadas, considerando-se a lenda burguesa e social-democrata amplamente difundida de que, após o fracasso da tentativa "marxista doutrinária" de introduzir o comunismo "num só golpe", Lênin, movido por sua "sagacidade e realismo político", teria firmado um acordo que o teria afastado de sua linha política original. A verdade histórica é justamente o contrário. O chamado comunismo de guerra, que Lênin chama de "medida provisória condicionada pela guerra civil e pela destruição", que "não era e nem podia ser a política correspondente às tarefas econômicas do proletariado", era um desvio do caminho que, de acordo com suas previsões teóricas, o socialismo trilhava em sua evolução. Uma medida condicionada, sem dúvida, pela guerra civil interna e externa e, por isso, inevitável, porém provisória. Segundo Lênin, no entanto, teria sido funesto para o proletariado desconhecer esse caráter do comunismo de guerra, considerando-o – como fazem muitos revolucionários sinceros, porém inferiores a Lênin no plano teórico – um verdadeiro passo em direção ao socialismo.

Não importa, pois, a intensidade com que as formas externas da vida econômica possuem em si um caráter socialista, mas tão somente em que medida o proletariado é capaz de dominar *de fato* o aparato econômico que ele conquistou ao tomar o poder, isto é, a grande indústria – que é, ao mesmo tempo, a base de seu ser social – e em que medida ele pode colocar esse domínio *de fato* a serviço de seus objetivos de classe. No entanto, por mais que as circunstâncias desses objetivos de classe e, consequentemente, os meios de sua realização tenham se modificado, suas bases gerais tinham de permanecer as mesmas: continuar a luta decisiva, a luta contra a burguesia, isto é, prosseguir a luta de classes com a ajuda das (sempre oscilantes) camadas médias (em especial os camponeses). E não se pode jamais esquecer que o proletariado, apesar dessa primeira vitória, continua a ser a classe mais fraca, e assim permanecerá por um longo tempo, até a vitória da revolução em escala mundial. Sua luta tinha de se guiar economicamente por dois princípios: de um lado, deter do modo mais rápido e abrangente possível a degradação da grande indústria causada pela guerra mundial e pela guerra civil, pois sem essa base o proletariado está condenado à ruína; de outro, regular todos os problemas da produção e da distribuição de modo que o campesinato, que se tornou aliado do proletariado mediante a solução revolucionária da questão agrária, seja mantido nessa aliança por meio da maior satisfação possível de seus interesses materiais. Os meios para a realização desses objetivos se modificam de acordo com as circunstâncias. Mas a progressiva consecução desses objetivos é o único caminho para preservar intacto o domínio do proletariado, primeiro pressuposto do socialismo.

A luta de classes entre burguesia e proletariado prossegue, pois, com a mesma violência na frente de batalha da economia interna. A pequena empresa, cuja abolição e "socialização" são, nesse estágio, puro utopismo, "engendra o capitalismo e a burguesia ininterruptamente, diariamente, a cada hora, de modo elementar e em escala maciça". O que importa é saber se, dessa competição, sairá vencedora a burguesia que está em processo de formação e acumulação ou a grande indústria estatal dominada pelo proletariado. O proletariado tem de se arriscar nessa competição, se não quiser se arriscar a romper por um longo tempo sua aliança com os camponeses por causa do estrangulamento (cuja realização plena é ilusória, de qualquer modo) das pequenas empresas, do comércio etc. Paralelamente, a burguesia ainda entra na concorrência na forma de capital estrangeiro, concessões etc. Tem-se aqui a situação paradoxal de que, sejam quais forem suas intenções, esse movimento pode se tornar, do ponto de vista objetivo-econômico, um aliado do proletariado, na medida em que ajuda a fortalecer o poder econômico da grande indústria. Surge assim "uma aliança contra os elementos da pequena empresa". Nesse contexto, por outro lado, é preciso combater de maneira enérgica a tendência natural do capital concessionário a transformar pouco a pouco o Estado proletário numa colônia capitalista (condições de concessão, monopólio do comércio exterior etc.).

Essas breves considerações não poderiam se propor a tarefa de esboçar a política econômica de Lênin nem mesmo em suas linhas mais gerais. O que é exposto aqui deve apenas servir para indicar com alguma clareza os *princípios* da política de Lênin, seu *fundamento teórico*. E esses princípios consistem em garantir a qualquer preço o domínio do proletariado num universo de inimigos declarados ou dissimulados e de aliados vacilantes. Assim como o princípio básico de sua política anterior à tomada do poder consistiu em detectar, no caos das tendências sociais do capitalismo em decadência, aqueles momentos que, devidamente explorados pelo proletariado, podiam transformá--lo na classe dirigente e dominante da sociedade. Lênin manteve-se fiel a esse princípio por toda a sua vida, sem concessões nem hesitações. Mas manteve--se fiel a ele, de modo igualmente implacável, *como um princípio dialético*, no sentido "de que o fundamento da dialética marxista consiste em que todas as fronteiras na natureza e na história são condicionadas e móveis, de que não há *nenhum fenômeno* que não possa, sob certas condições, transformar-se em seu contrário". Razão pela qual "a dialética exige uma investigação multifacetada dos fenômenos sociais em sua evolução própria, assim como uma redução dos momentos exteriores e aparentes às forças fundamentais e moventes, ao desenvolvimento das forças produtivas e da luta de classes". A grandeza de Lênin como dialético deve-se ao fato de ele ter visto claramente os princípios fundamentais da dialética, o desenvolvimento das forças produtivas e a luta de classes de acordo com sua essência mais íntima, de modo concreto, sem prejulgamentos abstratos, mas também sem confusões fetichistas causadas por fenômenos superficiais. Ao fato de ele ter sempre reduzido a totalidade dos fenômenos que teve de enfrentar a estes fundamentos últimos: *à ação concreta dos homens concretos (isto é, condicionados pela classe a que pertencem) com base em seus reais interesses de classe*. Somente quando se parte desse princípio, a lenda de Lênin como "sagaz realista político", como "mestre dos compromissos" cai por terra e revela-se para nós o verdadeiro Lênin, o coerente edificador da dialética marxista.

Sobretudo, na análise do conceito de compromisso, é preciso rejeitar todo sentido do termo que o defina como estratagema, ardil, astúcia refinada. "As pessoas", diz Lênin, "que entendem por política a prática de pequenos truques que às vezes beiram o engodo têm de sentir por nós a mais decisiva repulsa. *As classes não podem ser enganadas.*" Portanto, para Lênin, compromisso significa aproveitar as *tendências reais da evolução das classes* (e, eventualmente, das nações, como é o caso dos povos oprimidos), que, em determinadas circunstâncias e por certo tempo, caminham paralelamente aos interesses vitais do proletariado, para o benefício de *ambas* as partes.

Sem dúvida, os compromissos também podem ser uma forma da luta de classes contra o inimigo decisivo da classe trabalhadora, a burguesia. (Basta pensar na relação da Rússia soviética com os Estados imperialistas.) E os teóricos do oportunismo também se agarram a essa forma especial de compromisso, seja para elogiar ou atacar Lênin como "realista política não dogmático", seja para acobertar seus próprios compromissos. Já apontamos a invalidade do primeiro argumento; para a análise do segundo é necessário, como em toda questão da dialética, considerar a totalidade formada pela conjuntura concreta do compromisso. E aqui fica evidente, de imediato, que o compromisso de Lênin e o dos oportunistas *partem de pressupostos absolutamente contrários*. A tática social-democrata funda-se – de modo consciente ou não – no fato de que a verdadeira revolução ainda está distante; as precondições objetivas da revolução social ainda não estão presentes, o proletariado ainda não está ideologicamente maduro para a revolução, o partido e os sindicatos ainda são fracos etc., *de modo que* o proletariado tem de firmar compromissos com a burguesia. Quanto mais as precondições subjetivas e objetivas da revolução social estiverem dadas, mais "puramente" o proletariado poderá realizar seus objetivos de classe. De modo que com frequência o compromisso assume, na práxis, o aspecto de um grande radicalismo, de uma "pureza" absoluta dos princípios em relação aos "objetivos últimos". (É evidente que, nesse contexto, só se podem considerar aquelas teorias social-democratas que, de uma maneira ou de outra, ainda se creem vinculadas à teoria da luta de classes, pois, para as outras concepções, o compromisso não é mais um compromisso, mas uma cooperação natural entre as diferentes camadas profissionais para o bem da coletividade.)

Para Lênin, ao contrário, o *compromisso é um resultado direto e lógico da atualidade da revolução*. Se o caráter fundamental de toda a época é a atualidade da revolução; se essa revolução – tanto em cada país quanto em escala mundial – pode irromper a qualquer momento sem que esse momento possa ser predeterminado com exatidão; se o caráter revolucionário de toda a época revela-se na desintegração permanente e progressiva da sociedade burguesa, o que faz necessariamente com que as mais diversas tendências se mesclem e se cruzem sem cessar, isso tudo significa que o proletariado não pode começar e completar sua revolução em condições "favoráveis", escolhidas por ele, e, por conseguinte, tem de aproveitar, em qualquer circunstância, toda tendência que, mesmo de modo passageiro, favoreça a revolução ou que, no mínimo, possa enfraquecer os inimigos da revolução. Citamos anteriormente algumas observações de Lênin que mostram quão poucas ilusões ele tinha – antes mesmo da tomada do poder – acerca do ritmo da realização do socialismo. As citações a seguir, extraídas de um de seus últimos artigos – escrito após o período dos "compromissos" –, mostram de modo igualmente claro que essa previsão jamais significou para ele uma interrupção da ação revolucionária.

> Napoleão escreveu: *On s'engage et puis on voit*. Em tradução livre, isso quer dizer: "Primeiro é preciso travar um combate decisivo, depois se vê o resto". Assim, também nós travamos um combate decisivo em outubro de 1917, e então alguns detalhes se tornaram visíveis (do ponto de vista da história mundial, trata-se, sem dúvida, de detalhes), como a paz de Brest-Litovsk ou a "nova política econômica" etc.

A teoria e a tática leninianas do compromisso são apenas a consequência lógico-objetiva do conhecimento marxista, dialético da história, segundo o qual são os homens, sem dúvida, que fazem a história, mas não em circunstâncias escolhidas por eles mesmos. Elas são consequência do conhecimento de que a história sempre produz o novo; de que, por isso, esses momentos históricos, esses cruzamentos momentâneos de tendências jamais se repetem da mesma forma; de que há tendências que hoje podem favorecer a revolução, mas que amanhã podem ser nocivas a ela, e vice-versa. Isso explica por que, em 1º de setembro de 1917, com base na velha palavra de ordem bolchevique ("Todo o poder aos sovietes"), Lênin propôs aos mencheviques e aos sociais-revolucionários uma ação comum, isto é, um compromisso. No entanto, já em 17 de setembro, ele escreve: "Na verdade, já é tarde demais para oferecer um compromisso. É possível que *já* tenham transcorrido os poucos dias durante os quais *ainda* era possível uma solução pacífica. Sim, é evidente que eles já passaram". A aplicação dessa teoria a Brest-Litovsk, às concessões etc. é algo que dispensa demonstração.

Quão profundamente a teoria leniniana dos compromissos está fundamentada em sua visão fundamental da atualidade da revolução mostra-se talvez com mais nitidez em suas lutas teóricas contra a ala esquerda de seu próprio partido (depois da primeira revolução e da paz de Brest-Litovsk em escala Russa e nos anos 1920 e 1921 em escala europeia). Em todos esses debates, *a palavra de ordem do radicalismo de esquerda era a recusa de qualquer compromisso por uma questão de princípios*. E a polêmica de Lênin concentra-se essencialmente no fato de que, na recusa de qualquer compromisso, há uma *evasão diante das lutas decisivas*, que, na base dessa visão, encontra-se um *derrotismo em relação à revolução*. A autêntica situação revolucionária – e tal é, segundo Lênin, o traço fundamental de nossa época – mostra-se no fato de não haver nenhum campo da luta de classes que não apresente possibilidades revolucionárias (ou contrarrevolucionárias). De modo que o verdadeiro revolucionário, que sabe que vivemos uma época revolucionária e extrai desse conhecimento consequências práticas, deve sempre observar a totalidade da realidade sócio-histórica a partir desse ponto de vista, considerando intensivamente tudo, o grande e o pequeno, o habitual e o inesperado, em função de sua importância para a revolução – e *unicamente* em função disso. Quando Lênin qualificou o radicalismo esquerdista de oportunismo de esquerda, apontou de maneira muito correta e penetrante a *perspectiva histórica comum* dessas duas correntes tão opostas em todos os outros aspectos, das quais uma rejeita qualquer compromisso e a outra vê no compromisso o princípio da *realpolitik* em oposição à "rígida fidelidade a princípios dogmáticos". Perspectiva histórica comum que se caracteriza por um pessimismo em relação à proximidade e à atualidade da revolução proletária. O modo como ele rejeita ambas as tendências a partir do mesmo princípio mostra que *a mesma palavra* "compromisso" é empregada por ele e pelos oportunistas para designar realidades radicalmente distintas e, por isso, constituem *conceitos radicalmente distintos*.

Um conhecimento correto sobre o que Lênin entende por compromisso e sobre a fundamentação teórica que ele dá à tática do compromisso é não apenas de fundamental importância para o devido conhecimento de seu método, como é também de enorme importância prática. Em Lênin, o compromisso só é possível *na interação dialética com a fidelidade aos princípios e ao método do marxismo*; no compromisso mostra-se sempre o próximo passo real da realização da teoria do marxismo. Assim como essa teoria e essa tática têm de se diferenciar radicalmente da rigidez mecânica de uma fidelidade a princípios "puros", elas também têm de se distanciar firmemente de toda *realpolitik* esquemática e carente de princípios. Em outras palavras, para Lênin não basta que a situação concreta na qual agimos, as relações concretas de força que determinam o compromisso e a necessária tendência evolutiva do movimento proletário sejam reconhecidas e valorizadas *em sua facticidade*;

ele considera um *enorme perigo prático* para o movimento operário que o conhecimento adequado da realidade não seja inserido nos marcos do correto conhecimento geral do *processo histórico em sua totalidade*. Foi assim que ele reconheceu como correto o comportamento prático dos comunistas alemães em relação ao "governo operário" projetado após o fracasso do *Putsch* de Kapp, a chamada oposição legal, porém reprovando-os do modo mais implacável por essa tática correta se fundar numa perspectiva histórica teoricamente falsa, repleta de ilusões democráticas.

A unificação dialeticamente correta do geral e do particular, o conhecimento do geral (da tendência geral básica da história) *no* particular (na situação concreta) e a concretização da teoria que daí resulta formam, portanto, a ideia fundamental da teoria do compromisso. Aqueles que não veem em Lênin mais do que um "político realista" inteligente, ou mesmo genial, desconhecem inteiramente a essência de seu método. Mas desconhecem-no ainda mais aqueles que julgam encontrar em suas decisões "receitas" aplicáveis a qualquer caso e "prescrições" para uma prática adequada. Lênin jamais formulou "regras gerais" que possam ser "aplicadas" a toda uma série de casos. Suas "verdades" brotam da análise concreta da situação concreta com ajuda da concepção dialética da história. De uma "generalização" mecânica de seus gestos ou decisões só pode surgir uma caricatura, um leninismo vulgar; é o caso, por exemplo, dos comunistas húngaros, que, em condições totalmente diferentes, tentaram imitar a paz de Brest-Litovsk de maneira esquemática quando responderam à nota de Clemenceau no verão de 1919. Pois, como Marx censura energicamente em Lassalle: "[...] o método dialético é aplicado de modo incorreto. Hegel jamais chamou de dialética a subsunção de uma massa de 'casos' *under a general principle* (a um princípio geral)".

Mas a consideração de todas as tendências presentes em cada situação concreta não significa em absoluto que tais tendências tenham o mesmo peso na balança das decisões. Ao contrário. *Cada situação tem um problema central* de cuja decisão dependem tanto os outros problemas da mesma época quanto o desenvolvimento ulterior de todas as tendências sociais no futuro. Diz Lênin:

> É preciso captar, a cada momento, aquele elo particular da cadeia ao qual temos de nos manter firmemente agarrados, se quisermos capturar toda a cadeia e preparar a transição firme para o próximo elo, considerando-se que a sequência dos

elos, sua forma, seu encadeamento, suas diferenças entre si na cadeia histórica dos acontecimentos não são tão simples e carentes de sentido como no caso de uma cadeia comum, fabricada por um ferreiro.

Que momento da vida social alcança essa importância num momento dado é algo que só se pode decifrar com a dialética marxista, com a análise concreta da situação concreta. Mas o fio condutor que nos permite encontrá-lo é a visão revolucionária da sociedade *como uma totalidade em processo*. Pois apenas essa relação com a totalidade confere ao elo decisivo da cadeia essa importância: tal elo deve ser capturado, porque somente assim o todo será capturado. Por isso, em um de seus últimos escritos, em que trata das cooperativas, Lênin ressaltou esse problema de modo especialmente preciso e concreto, dizendo que "muito daquilo que, nos sonhos dos antigos cooperativistas, não passava de fantasia ou romantismo mofado, tornou-se a mais crua realidade". Diz:

> De fato, resta-nos fazer "*apenas*" uma coisa: tornar nossa população tão "civilizada" que ela se convença de todas as vantagens da participação pessoal na cooperação e incline-se a essa participação. "*Apenas*" isso. Nenhuma outra sofisticação é necessária, agora, para atingirmos o socialismo. Mas para realizarmos esse "apenas" é necessária uma mudança completa, é preciso trilhar o longo caminho do desenvolvimento cultural de toda a massa do povo.

Infelizmente, é impossível proceder aqui a uma análise detalhada de todo esse parágrafo. Essa análise, como a de qualquer outra medida tática de Lênin, mostraria como, em cada um desses "elos da cadeia", está sempre contida a totalidade. Que o critério da verdadeira política marxista está em extrair esses momentos do processo e neles concentrar o máximo de energia, momentos que trazem com eles – num instante determinado, numa fase determinada – essa relação com a totalidade, com a totalidade do presente e com o problema central do desenvolvimento do futuro, portanto, também com o futuro em sua totalidade capturável na prática. Essa enérgica apreensão do elo mais próximo, mais decisivo da cadeia, não significa que esse momento tenha de ser apartado da totalidade e os outros momentos devam ser desprezados por sua causa. Ao contrário. Significa que *todos os outros momentos têm de ser postos em relação com esse problema central* e corretamente entendidos e solucionados nesse contexto. O nexo entre todos os problemas não é enfraquecido por essa concepção, mas, ao contrário, torna-se mais intenso e concreto.

Esses momentos são produzidos pelo processo histórico, pelo desenvolvimento objetivo das forças produtivas. Depende do proletariado, no entanto, se ele é capaz, e em que medida é capaz, de reconhecê-los, captá-los e, desse modo, *influenciar sua evolução ulterior*. A tese fundamental do marxismo – já várias vezes citada – de que os homens fazem sua história adquire uma importância crescente na época da revolução, após a tomada do poder estatal, mesmo que, é claro, ela tenha de ser dialeticamente completada pela importância das circunstâncias não escolhidas de maneira livre. Isso significa, na prática, *que o papel do partido na revolução* – a grande ideia do jovem Lênin – torna-se *ainda maior e mais decisiva* na época da transição para o socialismo do que na época de sua preparação. Quanto maior a influência ativa que o proletariado exerce na determinação do curso da história, quanto mais decisivas – no bom e no mau sentido – as resoluções do proletariado para ele e para toda a humanidade, mais importante é preservar em sua forma pura *a consciência de classe do proletariado*, o único compasso que pode nos guiar nesse mar selvagem e tempestuoso, iluminando cada vez mais esse espírito, o único guia possível na luta. Essa importância do papel ativo-histórico do partido do proletariado é o traço fundamental da teoria e, portanto, da política de Lênin, traço que ele nunca se cansa de ressaltar, acentuando sempre sua importância para as decisões práticas. Assim, no XI Congresso do Partido Comunista Soviético, combatendo os oponentes do desenvolvimento em direção a um capitalismo de Estado, ele afirma:

> O capitalismo de Estado é aquele que estaremos em condições de limitar, aquele cujos limites poderemos estabelecer; esse capitalismo de Estado está ligado ao Estado, e este são os trabalhadores, a parte mais avançada dos trabalhadores, a vanguarda, somos nós... E depende de nós como será esse capitalismo de Estado.

Por isso, todo ponto de virada na evolução rumo ao socialismo é também, e do modo mais decisivo, um *problema interno do partido*. Um agrupamento das forças, uma adequação das organizações partidárias à nova tarefa: *influenciar* o desenvolvimento da sociedade no sentido que resulta da cuidadosa e criteriosa análise da totalidade do ponto de vista do proletariado. Essa é a razão por que o partido ocupa o lugar mais alto na hierarquia das forças decisivas no interior do Estado – que *somos nós*. Mas é por isso também que esse mesmo partido – dado que a revolução só pode vencer em escala mundial e proletariado só pode se constituir de fato como classe enquanto proletariado mundial – está incorporado e subordinado, como seção, ao órgão supremo da revolução proletária, a Internacional Comunista. A rigidez mecânica do pensamento que caracteriza os oportunistas e os burgueses verá sempre contradições insolúveis nessas conexões. Ela não compreenderá como, depois de ter "regressado ao capitalismo", os bolcheviques permanecem agarrados à antiga estrutura partidária, à antiga ditadura "antidemocrática" do partido. Não compreenderá como a Internacional Comunista não renuncia um só instante à revolução mundial e até procura prepará-la e organizá-la com todos os meios à sua disposição, enquanto o Estado do proletariado russo sela a paz com as potências imperialistas, e busca incentivar a maior participação possível do capitalismo imperialista na construção econômica da Rússia. Não compreenderá como o partido se aferra firmemente a seu rigoroso caráter interno e procura se organizar do ponto de vista ideológico e organizacional com os meios mais enérgicos, enquanto a política econômica da República Soviética toma todo o cuidado para que sua aliança com os camponeses – aos quais ela deve sua existência – não se desfaça e enquanto essa república se torna, aos olhos dos oportunistas, cada vez mais um Estado camponês e perde pouco a pouco seu caráter proletário etc. etc. A rigidez mecânica do pensamento não dialético não consegue captar que *essas contradições são objetivas, são contradições ontológicas* [seiende Widersprüche] *da época atual*; que a política do Partido Comunista Soviético, a política de Lênin, só é contraditória *na medida em que busca e encontra as respostas dialeticamente corretas para as contradições objetivas de seu próprio ser social*.

Assim, a análise da política de Lênin nos leva sempre às questões fundamentais do método dialético. Toda a sua obra é a aplicação coerente da dialética marxiana aos fenômenos sempre cambiantes – e que sempre produzem o novo – de uma gigantesca era de transição. Mas como a dialética não é nenhuma teoria pronta, que pode ser aplicada de maneira mecânica aos fenômenos da vida, mas *existe como teoria apenas nessa aplicação e por meio dela*, o método dialético ganhou, graças à práxis leniniana, uma amplitude e uma *plenitude teórica maior* do que possuía quando Lênin o herdou de Marx e Engels.

Por isso, é plenamente justificado falar *do leninismo como uma nova fase* na evolução do materialismo dialético. Lênin não apenas recuperou a pureza da teoria marxiana após décadas de simplificação e desfiguração promovidas pelo marxismo vulgar, como também aperfeiçoou esse método, tornando-o mais concreto e maduro. E se agora a tarefa dos comunistas é avançar na trilha aberta pelo leninismo, esse avanço só pode render frutos se os comunistas procurarem adotar em relação a Lênin a mesma atitude que o próprio Lênin adotou em relação à Marx. O modo e o conteúdo dessa atitude são determinados pela evolução da sociedade, pelos problemas e pelas tarefas que o processo histórico impõe ao marxismo, e seu êxito é determinado pelo nível da consciência de classe proletária que o partido dirigente do proletariado alcançou. O leninismo significa que a teoria do materialismo histórico está ainda mais próxima das lutas diárias do proletariado, já que se tornou ainda mais prática do que podia ser no tempo de Marx. Assim, a tradição do leninismo só pode consistir em conservar – sem falseá-la nem enrijecê-la – essa função viva e vivificante, rica e enriquecedora do materialismo histórico. Por isso, repetimos, Lênin deve ser estudado pelos comunistas tal como Marx foi estudado por Lênin. Para aprender a operar o método dialético. Para aprender a encontrar o geral no particular e o particular no geral por meio da análise concreta da situação concreta; a encontrar, no novo momento de uma situação, aquilo que o liga ao processo anterior e, nas leis gerais do processo histórico, o elemento novo que nunca cessa de surgir; a encontrar a parte no todo e o todo na parte, na necessidade da evolução o momento da ação eficaz e no fato a ligação com a necessidade do processo histórico. O leninismo significa um grau até então inalcançado do pensamento concreto, não esquemático, não mecânico, voltado inteiramente para a práxis. Conservar isso é tarefa dos leninistas. Mas no processo histórico só é possível conservar aquilo que se desenvolve de modo vivo. E *esse conservar* da tradição do leninismo significa, hoje, a mais nobre tarefa para todo aquele que leva verdadeiramente a sério o método dialético como arma na luta de classes do proletariado.

Lênin sentado nos degraus da tribuna presidencial durante uma seção do III Congresso da Internacional Comunista (Moscou, junho-julho de 1921).

Posfácio

Este pequeno livro foi escrito logo após a morte de Lênin, sem nenhum tipo de trabalho prévio, a partir da necessidade espontânea de afirmar teoricamente aquilo que então me parecia essencial, o centro da personalidade intelectual de Lênin. Daí o subtítulo: "Um estudo sobre a unidade de seu pensamento". Ele aponta para o fato de que eu não me propunha a reproduzir o sistema objetivo, teórico de Lênin, mas a expor as forças motrizes, objetivas e subjetivas que possibilitaram essa sistematização, encarnada na pessoa e nas ações de Lênin. Mas também não se tratava de uma tentativa de esmiuçar de modo extenso e completo essa unidade dinâmica em sua vida e em sua obra.

    O interesse relativamente grande que escritos dessa natureza despertam hoje é condicionado sobretudo pela época. Desde que a crítica marxista do período stalinista se instaurou, o interesse pelas tendências de oposição dos anos 1920 cresceu. Isso é evidente, embora um tanto exagerado – se considerado do ponto de vista teórico objetivo. Pois, assim como foi falsa a solução que Stálin e seus seguidores deram à crise da revolução, também não se pode dizer que um contemporâneo de Lênin tenha oferecido uma análise, uma perspectiva, que pudesse servir para enfrentar os problemas que se apresentariam nas fases posteriores. Quem quer que pretenda hoje colaborar com eficácia para o renascimento do marxismo deve considerar os anos 1920 de modo puramente histórico, como um período passado e encerrado do movimento revolucionário dos trabalhadores; apenas assim poderá dar o valor correto a suas experiências e lições para a fase contemporânea e essencialmente nova desse movimento. E, como é regra entre os grandes homens, a figura de Lênin personificou seu tempo, de modo que os resultados e, sobretudo, o método de suas teses e ações ainda podem apresentar certa atualidade, mesmo em circunstâncias bastante diversas.

Este escrito é puro produto dos anos 1920. Sem dúvida, como documento sobre o modo como uma camada considerável de marxistas via a personalidade e a mensagem de Lênin, sua posição no curso dos acontecimentos mundiais, ele não é desprovido de interesse. Mas não se pode jamais perder de vista que seus argumentos foram determinados muito mais pelas percepções da época – ilusões e exageros aí incluídos – do que propriamente pela obra teórica de Lênin. Já a primeira linha mostra essa limitação temporal: "O materialismo histórico é a teoria da revolução proletária"*. É evidente que nisso expressa-se uma determinação importante do materialismo histórico. Mas esta não é, obviamente, a única, a determinação de sua essência. E Lênin, para quem a atualidade da revolução proletária constituía o fio condutor de seu pensamento e sua práxis, teria levantado as mais severas objeções à unilateralização e à limitação, por meio de tal "definição", da riqueza conteudística e metodológica e da universalidade social do materialismo histórico.

Uma crítica, tal como Lênin a concebe, poderia ser aplicada a muitas passagens deste opúsculo. Limito-me apenas a indicar a justificativa e a direção dessa crítica, pois imagino que leitores intelectualmente sóbrios saberão manter distância crítica por sua própria conta. Parece-me importante destacar os pontos em que minha posição, baseada na obra de Lênin, chegou a resultados que ainda hoje conservam certa justificativa metodológica como momento de rejeição do stalinismo; nesses momentos, a devoção do autor pela pessoa e pela obra de Lênin não o desviou do bom caminho. Em algumas observações sobre a conduta de Lênin encontra-se implícita uma crítica certeira ao posterior desenvolvimento stalinista, crítica que, na época, só se manifestara às escondidas, episodicamente, na liderança do Komintern por Zinoviev. Recordemos o crescente enrijecimento de todos os problemas organizacionais sob Stálin; independentemente das condições da época e das exigências da polí-

---

* Ver p. 29. (N. E.)

tica, a organização partidária – apelando até mesmo para o nome de Lênin! – foi transformada num fetiche imutável. Aqui, aplica-se a advertência de Lênin: "Não se pode separar mecanicamente o elemento político do organizacional" e, no sentido de tal dinâmica da política leniniana, concluir: "Por isso, para o partido, todo dogmatismo na teoria e toda rigidez na organização são nocivos". Pois, como ele diz:

> Toda nova forma de luta, unida a novos perigos e sacrifícios, "desorganiza" inevitavelmente as organizações que não se encontram preparadas para essa nova forma de luta. É tarefa do partido também – e com mais razão ainda – em relação a si mesmo percorrer essa via necessária de modo livre e consciente, transformando a si mesmo, antes que o perigo da desorganização se torne demasiado agudo, atuando sobre as massas por meio dessa transformação, formando-as e incitando-as à luta.*

Sem dúvida, isso era apenas uma batalha de retaguarda dos movimentos revolucionários da época contra as uniformizações e as mecanizações burocratizantes que já se anunciavam.

Mas se hoje é preciso combater com eficácia o nivelamento dogmático que se estende sobre todos os terrenos, as experiências dos anos 1920 só podem dar um impulso nessa direção por meios indiretos, partindo-se do reconhecimento de seu caráter pretérito. Para isso, no entanto, é indispensável apreender de maneira crítica a diferença entre o período que vivemos e aquele dos anos 1920. Que essa clareza crítica também tenha de ser exigida em relação à obra de Lênin é evidente. E para quem não quer fazer de sua obra uma coleção "infalível" de dogmas, essas conclusões críticas não diminuem em nada sua grandeza secular. Hoje sabemos, por exemplo, que a tese leniniana segundo a qual o desenvolvimento imperialista gera necessariamente guerras mundiais perdeu sua validade geral para o presente. Naturalmente, apenas a inexorabilidade do desenvolvimento se tornou obsoleta; mas sua redução a mera possibilidade altera tanto seu sentido teórico quanto suas consequências práticas. Do mesmo modo, Lênin generalizou as experiências da Primeira Guerra Mundial ("que grande mistério cerca o nascimento da guerra"), estendendo-as também às iminentes guerras imperialistas, que se configurariam de modo totalmente diferente no futuro.

---

* Ver p. 56. (N. E.)

Introduzi alguns exemplos desse tipo precisamente para iluminar a verdadeira peculiaridade de Lênin, que não tem nada, rigorosamente nada em comum com o ideal burocrático de um monumento stalinista de infalibilidade. É óbvio que este livro está longe de oferecer uma caracterização da verdadeira grandeza de Lênin. Está muito mais preso à sua época do que seu objeto. Em seus últimos anos de vida, Lênin previu o fim do período que se iniciara em 1917 com uma clareza incomparavelmente maior do que a mostrada neste livro.

Aqui, apesar disso, emerge ocasionalmente uma intuição da verdadeira fisionomia espiritual de Lênin, e é desse vago tatear em busca da verdade que queremos partir nas observações seguintes. Já foi constatado que Lênin não era um especialista na área da economia, como eram, entre seus contemporâneos, Hilferding e, sobretudo, Rosa Luxemburgo. No entanto, ele os superava em muito na avaliação do período como totalidade. Essa superioridade "consiste – e esta é uma proeza teórica sem igual – *em sua articulação concreta da teoria econômica do imperialismo com todas as questões políticas do presente*, transformando a economia da nova fase num fio condutor para todas as ações concretas na conjuntura que se configurava então"*. Isso foi percebido por muitos de seus contemporâneos, que, partidários ou adversários, falavam com frequência de sua habilidade tática, seu manejo da *realpolitik*.

Com isso, o cerne da questão ainda está longe de ser atingido. Trata-se antes de "uma *superioridade puramente teórica* na avaliação do *processo geral*"**. Em Lênin, ela foi fundada de modo rico e teoricamente profundo. Sua *realpolitik* nunca foi a de um pragmático empirista, mas o apogeu prático de uma atitude essencialmente teórica. Em Lênin, essa atitude sempre culminou na apreensão do ser-precisamente-assim [*Geradesosein*] sócio-histórico da situação concreta na qual se deve agir. Para o marxista Lênin, "*a análise concreta da situação concreta* não constitui nenhuma oposição à teoria 'pura', mas, ao contrário, *o ponto culminante da autêntica teoria*, o ponto em que a teoria é verdadeiramente realizada e, por essa razão, transforma-se em práxis"***. Poderíamos dizer, sem nenhum exagero, que a última e conclusiva das Teses sobre Feuerbach, de Marx, segundo a qual os filósofos haviam apenas interpretado o mundo até então, porém era preciso transformá-lo, encontrou na

---

* Ver p. 61. (N. E.)
** Ver p. 62. (N. E.)
*** Idem. (N. E.)

pessoa e na obra de Lênin sua encarnação mais adequada. Marx formulou e realizou essa exigência no âmbito da teoria, fornecendo uma interpretação da realidade social como a base teórica adequada para a transformação dessa realidade. Mas somente com Lênin essa essência teórico-prática da nova visão do mundo assumiu – sem supressão ou enfraquecimento da teoria – uma forma ativa na realidade histórica.

Neste escrito, encontra-se decerto apenas uma tímida tentativa de reconhecimento da verdadeira peculiaridade de Lênin. Falta-lhe uma fundamentação teoricamente profunda e amplamente justificada, assim como um retrato de Lênin como tipo humano. Aqui, não posso fazer mais do que indicar essas lacunas. Na cadeia das revoluções democráticas da época moderna, o tipo do líder revolucionário aparece sempre de modo polarizado: personagens como Danton e Robespierre incorporam, na realidade e na grande ficção (por exemplo, em Georg Büchner), esses dois polos; mesmo os grandes oradores da revolução operária, como Lassalle e Trótski, carregam certos traços dantonescos.

Apenas com Lênin surge algo inteiramente novo, um *tertium datur** em relação aos dois extremos. Lênin possui, até em suas reações nervosas espontâneas, a fidelidade aos princípios típica dos grandes ascetas da revolução – sem que seu caráter seja tocado por qualquer sombra de ascetismo. Ele é alegre, bem-humorado, usufrui de tudo o que a vida pode lhe oferecer: da caça, da pesca e do jogo de xadrez até a leitura de Pushkin e Tolstoi, passando por seu interesse pelos homens comuns. Na guerra civil, essa fidelidade aos princípios pode chegar à implacabilidade, mas permanece isenta de ódio. Quando necessário, Lênin combate instituições – e, naturalmente, os homens que as representam – até sua completa destruição. Mas considera essa tarefa uma necessidade objetiva humanamente lamentável e inevitável, da qual não se pode renunciar nas condições concretas dadas. Gorki relata as palavras tão características de Lênin após ouvir a *Appassionata*, de Beethoven:

"Não conheço nada mais belo do que a *Appassionata*, e seria capaz de ouvi-la o dia inteiro. Uma música maravilhosa, mais do que humana! Penso sempre, talvez com um orgulho infantil e ingênuo, que maravilhas os homens são capazes de criar!" Então fechou os olhos, sorriu e acrescentou num lamento: "Mas não consigo ouvir música com tanta frequência. Ela me afeta os nervos, de modo que eu preferiria

---

* A terceira instância superadora com relação a dois extremos mutuamente excludentes. (N. E.)

dizer tolices e passar a mão na cabeça daqueles que vivem nesse inferno imundo e, apesar disso, conseguem criar tamanha beleza. Mas hoje em dia não se pode passar a mão na cabeça de ninguém – sob o risco de ter a mão mordida. É preciso bater nas cabeças, bater sem misericórdia – embora sejamos, em nosso ideal, contrários a todo tipo de violência contra os homens. Sim, nossa função é terrivelmente dura".

Mesmo uma expressão emocional tão espontânea de Lênin não significa, é preciso deixar claro, uma irrupção de instintos direcionada contra seu "modo de viver", pois também aqui ele segue estritamente os imperativos de sua visão de mundo. Décadas antes desse episódio, o jovem Lênin escrevia artigos polêmicos contra os *narodniki* e seus críticos, os marxistas legalistas. Em sua análise sobre estes últimos, mostra o objetivismo de sua prova "da necessidade de uma série dada de fatos" e o perigo, que daí decorre com facilidade, de "se cair no ponto de vista de um apologista desses fatos". A única saída lhe parece ser uma maior consistência do marxismo na apreensão da realidade objetiva, o desvelamento das verdadeiras bases sociais nos próprios fatos. A superioridade do marxista sobre o mero objetivista repousa sobre essa consistência: ele "aplica seu objetivismo de maneira mais profunda e plena". Apenas a partir dessa objetividade superior resulta aquilo que Lênin chama de comprometimento: "em toda avaliação de um acontecimento, atuar de maneira direta e aberta do ponto de vista de determinado grupo social". Assim, o posicionamento subjetivo nasce sempre da realidade objetiva e retorna a ela.

Isso pode produzir conflitos, se as contradições da realidade se elevam ao ponto de uma oposição mutuamente excludente; então, cada homem envolvido tem de lidar com tais conflitos por si mesmo. Mas há uma diferença de princípio entre o conflito de convicções e sentimentos fundados na realidade, nas relações do indivíduo, e o conflito do homem que sente ameaçada sua própria existência humana interior. Este último tipo de conflito não ocorre com Lênin. Hamlet diz, como máximo elogio a Horácio: "Bendito é aquele cujo sangue e juízo bem se misturam, e assim não serve como flauta com que a Fortuna se divirta"*. Sangue e juízo: sua oposição, tanto quanto sua unidade, derivam da esfera biológica como base imediata e geral da existência humana. Concretamente, ambos expressam seu ser social: a harmonia ou a dissonância de sua posição em relação ao momento histórico, tanto na teoria

---

* William Shakespeare, *Hamlet*, ato 3, cena 2. (N. T.)

quanto na prática. Sangue e juízo misturavam-se corretamente em Lênin, pois seu saber da sociedade voltava-se sempre para a ação socialmente necessária no momento dado e sua práxis era sempre a consequência necessária da soma e do sistema dos conhecimentos verdadeiros até então acumulados.

Por isso, em Lênin não havia nada que, mesmo remotamente, pudesse se assemelhar à autossatisfação: o sucesso nunca o envaideceu, e o fracasso nunca o abateu. Ele negava que houvesse situações às quais o homem não pudesse reagir na prática. Lênin pertence aos grandes homens, que – em sua vida prática precisamente – realizaram muito, o mais essencial. Apesar disso, ou justamente por isso, dificilmente outro que não ele pudesse escrever sobre erros possíveis e reais de modo tão sóbrio e desapaixonado: "Inteligente não é quem não comete erros. Esses homens não existem e não podem existir. Inteligente é quem não comete nenhum erro fundamental e sabe corrigir seus erros com rapidez, com leveza". Essa concepção altamente prosaica sobre a habilidade no agir expressa sua visão essencial de modo mais adequado do que qualquer profissão de fé apaixonada. Sua vida foi de ação permanente, de luta ininterrupta num mundo em que ele estava profundamente convencido de que não havia situação sem saída, nem para ele mesmo nem para seu inimigo. Por essa razão, o fio condutor de sua vida era estar sempre preparado para a ação, para a ação correta.

A sóbria simplicidade de Lênin exerceu, por isso, um poderoso efeito sobre as massas. Mais uma vez em oposição aos tipos anteriores dos grandes revolucionários, ele foi um tribuno do povo de qualidade incomparável, sem nenhum traço de retórica (compare-se, aqui, Lênin com Lassalle e Trótski). Tanto na vida privada quanto na vida pública, Lênin mostrou sempre profunda rejeição às fraseologias, à extravagância, ao exagero. Vale ressaltar, uma vez mais, que ele também confere a essa sua aversão político-humana uma fundamentação objetivo-filosófica: "Pois toda verdade pode [...], quando exagerada, quando ultrapassados os limites de sua validade efetiva, tornar-se uma absurdidade, e é até mesmo inevitável que ela se torne uma absurdidade nessas condições".

Isso significa que, para ele, as categorias filosóficas gerais também não têm uma universalidade contemplativa e abstrata, mas estão sempre de prontidão para servir na preparação teórica da prática. No debate sobre os sindicatos, quando Lênin combateu o ambíguo e eclético ponto de vista conciliador de Bukharin, ele se apoiou na categoria de totalidade. É muito característico o modo como emprega essa categoria filosófica:

Para conhecer realmente um objeto, é preciso apreender e investigar todos os seus aspectos, todos os contextos e "mediações". Isso é algo que nunca conseguiremos alcançar plenamente, porém a exigência da totalidade nos preservará dos erros e do enrijecimento.

É instrutivo, aqui, perceber como uma categoria filosófica abstrata, complementada com reservas gnoseológicas quanto a sua aplicabilidade, serve puramente como imperativo para a práxis correta.

Essa atitude de Lênin se mostra de modo ainda mais palpável nas discussões sobre a paz de Brest-Litovsk*. Hoje, é lugar-comum afirmar que ele estava certo em sua *realpolitik* contra os comunistas esquerdistas, que, numa perspectiva internacionalista, exigiam o apoio à iminente revolução alemã mediante uma guerra revolucionária e, com isso, predispunham-se a arriscar a existência da República Soviética Russa. Mas essa práxis correta se baseava, em Lênin, numa análise teoricamente profunda do ser-precisamente-assim do processo total do desenvolvimento da revolução. A prioridade da revolução mundial sobre todo acontecimento singular, diz ele, é uma verdade legítima (e, por isso, prática), "se não se desconsidera o longo e difícil caminho até a vitória completa do socialismo". Mas, em relação ao ser-precisamente-assim da situação concreta da época, ele acrescenta que "toda verdade abstrata se torna uma fraseologia quando é aplicada indistintamente a *toda e qualquer situação concreta*". De modo que o critério que distingue a verdade como base da práxis e a fraseologia revolucionária consiste no fato de que a primeira deriva teoricamente do ser-precisamente-assim da situação revolucionária necessária e possível numa dada época, o que não ocorre com a segunda. O mais nobre sentimento, a mais desinteressada devoção tornam-se fraseologias, se a essência teórica da situação (seu ser-precisamente-assim) não permite uma práxis revolucionária. Essa práxis não tem necessariamente de obter sucesso.

---

* Firmado entre a Rússia bolchevique e os Impérios Centrais (Alemanha, Áustria-Hungria, Bulgária e Turquia), foi o primeiro dos tratados que tentaram pôr fim à Primeira Guerra Mundial. As condições alemãs eram duríssimas e, apesar de Trótski ter tentado prolongar ao máximo as negociações, o ataque alemão de fevereiro de 1918 desarmou as tropas da Rússia soviética. Lênin, para poder enfrentar o Exército Branco na guerra civil, teve de ordenar que os termos alemães fossem aceitos. A derrota alemã em novembro anulou esse tratado, e criou-se uma situação de vazio em toda a antiga franja ocidental do império czarista. Finalmente os bolcheviques conseguiram recuperar alguns dos territórios aos quais haviam tido de renunciar em Brest-Litovsk. (N. E.)

Na primeira revolução, após a derrota da sublevação armada de Moscou, Lênin combateu intensamente o ponto de vista de Plekhanov – segundo o qual "não se deveria ter pego em armas" – com o argumento de que também essa derrota favorecera o processo como um todo. Todo uso de analogias, toda confusão do abstrato com o concreto, do histórico-mundial com o atual, leva à fraseologia; é o caso, por exemplo, da comparação que surge com frequência no debate sobre Brest-Litovsk entre a França de 1792-1793 e a Rússia de 1918. Do mesmo modo, quando os comunistas alemães, após o *Putsch* de Kapp (1920), elaboraram teses muito inteligentes e autocríticas para o caso da reincidência de tal *Putsch*, consta que Lênin teria dito: como vocês sabem que a reação alemã repetirá esse golpe de Estado?

Para poder agir desse modo, a vida de Lênin tornou-se um processo de contínuo aprendizado. Em 1914, quando a guerra começou, ele partiu para a Suíça, passando por diversas aventuras com a polícia; após chegar, considerou como sua primeira tarefa aproveitar devidamente as "férias" para estudar a *Lógica* de Hegel. De modo semelhante, quando viveu ilegalmente na casa de um trabalhador, após os eventos de julho de 1917, Lênin o ouviu elogiar o pão antes do almoço: "Agora 'eles' não se atrevem mais a nos dar pão ruim". Lênin ficou surpreso e encantado com essa "avaliação classista das Jornadas de Julho". Pensou em suas próprias análises complicadas a respeito desses eventos e nas tarefas que eles colocavam. "Eu, um homem que nunca conheceu a necessidade, não havia pensado no pão [...]. Por meio da análise política, o pensamento chega por um caminho inusitado, complicado e enredado àquilo que está na base de tudo: a luta de classes por pão". Desse modo, Lênin continuou a aprender por toda a sua vida, seja sobre a *Lógica* de Hegel, seja sobre o juízo de um trabalhador a respeito do pão.

O aprendizado permanente, a constante abertura para o novo e para a realidade é um traço essencial da prioridade absoluta da práxis no modo de viver de Lênin. Esse elemento, mas em especial seu modo de aprender, criou um abismo insuperável entre ele e todos os empiristas e realistas políticos. Pois não é apenas por razões polêmico-pedagógicas que Lênin insiste na categoria de totalidade como fundamento e medida. As exigências que ele fazia a si mesmo eram muito mais rígidas do que aquelas que fazia a seus mais valorosos colaboradores. Universalidade, totalidade e singularidade concreta são determinações decisivas da realidade em que se deve e tem de agir; o grau em que elas são conhecidas fundamenta, portanto, a verdadeira eficácia de toda práxis.

Naturalmente, a história pode produzir situações que contradizem as teorias até então conhecidas. Podem ocorrer até mesmo situações que tornem impossível uma ação segundo os princípios verdadeiros e reconhecidos como tais. Já antes de outubro de 1917, por exemplo, Lênin previu com razão que, numa Rússia economicamente atrasada, seria inevitável uma forma de transição como aquela que, mais tarde, ocorreria com a Nova Política Econômica. Mas a guerra civil e as intervenções forçaram os sovietes ao chamado comunismo de guerra. Lênin curvou-se à necessidade factual, mas não renunciou à sua convicção teórica. Ele implantou, tão bem quanto pôde, todas as medidas do "comunismo de guerra" que a situação exigia, mas nem por um instante reconheceu – como fez a maioria de seus contemporâneos – o comunismo de guerra como uma forma de transição legítima para o socialismo e manteve a firme resolução de, após o fim da guerra civil e da intervenção, retomar as linhas teoricamente corretas da Nova Política Econômica. Em ambos os casos, Lênin não foi empirista nem dogmático, mas um teórico da práxis, um praticante da teoria.

Assim como *Que fazer?** é um título simbólico de toda a atividade literária de Lênin, também a ideia teórica fundamental dessa obra é uma síntese antecipada de sua visão geral do mundo. Ele afirma que a luta de classes espontânea das greves, mesmo quando bem organizada, produz apenas os germes da consciência de classe no proletariado. Falta a este último "a consciência da oposição inconciliável entre seus próprios interesses e a totalidade do regime político e social do presente". Uma vez mais, é a totalidade que dá a direção adequada para a consciência de classe voltada para a práxis revolucionária: sem orientação para a totalidade não há práxis historicamente verdadeira. Mas o conhecimento da totalidade não é espontâneo. Ele tem sempre de ser trazido "de fora", isto é, tem de ser fornecido teoricamente aos homens que agem.

Assim, a onipotência dominante da práxis só é realizável com base numa teoria voltada para a apreensão do todo. Mas a totalidade objetivamente desdobrada do ser, como Lênin bem sabe, é infinita e, por isso, jamais pode ser apreendida de maneira adequada. Um círculo vicioso parece surgir, desse modo, da infinitude do conhecimento e do imperativo sempre atual da ação correta imediata. Mas, como o nó górdio, essa insolubilidade

---

* São Paulo, Martins Fontes, 2006. (N. E.)

abstrato-teórica pode ser resolvida na prática. E a única espada que pode fazer isso é uma atitude humana que, uma vez mais, só podemos expressar de maneira adequada com as palavras de Shakespeare: "Estar de prontidão é tudo"*. Faz parte dos traços mais férteis e característicos de Lênin o fato de que ele jamais deixou de aprender teoricamente com a realidade e, ao mesmo tempo, esteve sempre pronto para agir. Isso forma um aspecto notável, aparentemente paradoxal de sua atitude teórica: ele nunca deu como concluído seu aprendizado com a realidade, mas nele o conteúdo já adquirido era organizado e disposto de modo que a ação era sempre possível a qualquer momento.

Tive a sorte de testemunhar um dos inúmeros momentos desse tipo. Foi em 1921, na reunião da comissão tcheca do III Congresso do Komintern. As questões eram extremamente complexas, as opiniões inconciliáveis. De repente, entrou Lênin. Todos pediram sua opinião sobre os problemas tchecos. Ele recusou, dizendo que procurara estudar devidamente o material, mas assuntos do Estado se interpuseram com tal urgência que só pudera folhear rapidamente os dois jornais que trazia no bolso do paletó. Apenas depois de muitos pedidos, ele se declarou disposto a expor suas impressões sobre o que lera nos dois jornais. Retirando-os do bolso, deu início a uma análise totalmente assistemática e improvisada, que começou com o editorial e foi concluída com as notícias do dia. E esse esboço improvisado foi a mais profunda análise da questão da Tchecoslováquia e das tarefas do Partido Comunista.

É óbvio que, nessa relação recíproca de teoria e práxis, Lênin – como homem de prontidão e constância – sempre escolheu a prioridade da práxis. Ele o fez com eloquência na conclusão de sua fundamental obra teórica sobre o primeiro período da Revolução: *Estado e revolução***. Lênin escreveu essa obra quando estava escondido, após as Jornadas de Julho, mas nunca pôde finalizar o último capítulo sobre as experiências das revoluções de 1905 e 1917; o desenvolvimento da Revolução não o permitiu. No posfácio, escreveu: "É mais prazeroso e útil colaborar com as 'Experiências da Revolução' do que escrever sobre elas". Isso é dito com profunda sinceridade. Sabemos que

---

* William Shakespeare, *Hamlet*, ato 5, cena 2. (N. E.)
** São Paulo, Expressão Popular, 2007. (N. E.)

ele sempre se esforçou para recuperar essa oportunidade perdida. Não foi ele, mas sim o curso dos eventos que impossibilitou essa tarefa.

Uma importante mudança no comportamento humano nos últimos séculos foi que o ideal dos "sábios" estoico-epicuristas passou a ter efeito muito forte em nossas opiniões éticas, políticas e sociais, muito além dos limites da filosofia acadêmica. Esse efeito significou, ao mesmo tempo, uma transformação interior: o elemento ativo-prático presente nesse protótipo tornou-se muito mais forte do que na Antiguidade. A permanente prontidão de Lênin é a última, até então mais elevada e mais importante etapa desse desenvolvimento. Que hoje – quando a manipulação devora a práxis e a desideologização anula a teoria – esse ideal não seja visto com bons olhos pela maioria dos "especialistas" é algo apenas episódico no curso da história universal. Para além do significado de suas ações e de sua obra, a figura de Lênin representa, como personificação da permanente prontidão, um valor indestrutível: um novo tipo de atitude exemplar diante da realidade.

Budapeste, janeiro de 1967

Índice onomástico

Bauer, Otto (1881-1938) – Político e escritor austríaco. Fundou o jornal socialista *Der Kampf* [Nossa luta]. Após ser feito prisioneiro de guerra dos russos, aderiu ao socialismo. Ao regressar a seu país participou do governo e foi líder dos social-democratas.

Bebel, August Ferdinand (1840-1913) – Revolucionário marxista, foi um dos cofundadores do Partido Democrata Alemão junto com Wilhelm Liebknecht em 1869.

Beethoven, Ludwig van (1770-1827) – Compositor alemão, considerado a mais importante figura da transição do período clássico para o romântico na música clássica ocidental.

Bernstein, Eduard (1850-1932) – Dirigiu uma série de críticas (no contexto da social-democracia alemã) às análises de Marx, considerando-as superadas pelo desenvolvimento histórico. Ou seja, segundo Bernstein, a evolução econômica da sociedade moderna contradiz certas teses de Marx, notadamente aquela sobre a polarização das classes, em decorrência da concentração do capital. As crises econômicas também não se agravam, ao contrário. Por fim, Bernstein propõe a adoção de estratégias reformistas, baseadas na utilização do sufrágio universal, tendo por objetivo a passagem gradual ao socialismo por meio da ampliação das cooperativas e pelo aprofundamento da democracia. Pretendeu, também, fundamentar o método marxiano por meio de uma aproximação à teoria do conhecimento kantiana.

Bonaparte, Napoleão (1769-1821) – General de brigada (1796), Primeiro-Cônsul (1799), Cônsul vitalício (1802) e Imperador (1804) da França. Abdicou em Fontainebleau (1814) e retirou-se para a ilha de Elba. No ano seguinte, volta ao poder, governa durante cem dias e é derrotado em Waterloo. Morre no exílio de Santa Helena.

Büchner, Karl Georg (1813-1837) – Escritor e dramaturgo alemão; democrata revolucionário. Em 1834 criou no Hessen uma organização secreta, a *Sociedade dos Direitos do Homem*. Autor do *Apelo aos Camponeses do Hessen*, sob a palavra de ordem "Paz às choupanas, guerra aos palácios".

Bukharin, Nikolai (1888-1938) – Economista, editor, político e revolucionário comunista russo. Apoiador das teses econômicas de Lênin. Autor de diversas obras e traduções. Diretor do jornal soviético *Pravda*. Foi fuzilado a mando de Stálin, sob a acusação de conspirar com Trótski contra o governo da URSS. Formulou os princípios da economia soviética. Sobre esse assunto, publicou em 1920 *Economia da etapa de transformação*. Foi crítico do crescimento econômico muito acelerado dos anos 1920. Autor também de *O abc do comunismo* e *Tratado de materialismo histórico*.

Clausewitz, Carl Phillip Gottlieb von (1780-1831) – General prussiano, é considerado grande estrategista militar e teórico da guerra, autor de importantes obras sobre as guerras napoleônicas e outras. É o autor de *Da guerra*.

Clemenceau, Georges Benjamin (1841-1929) – Jornalista, médico e estadista francês. Em 1897 foi o responsável pela publicação de *L'Aurore*, onde o escritor francês Émile Zola lançou *J'accuse* a propósito do "Caso Dreyfus". Ocupou os seguintes cargos: Presidente da Câmara de Montmartre (1870); Deputado (1876); Senador (1902); Primeiro Ministro (1906 a 1909 e 1917); Ministro da Guerra (1917). Por ocasião da agressão dos Países da Entente contra a Rússia, declarou que um dos objetivos era estabelecer um "cordão sanitário" em torno daquele país.

Danton, Georges Jacques (1759-1794) – Advogado e político francês, se destacou nos estágios iniciais da Revolução Francesa; foi chefe da ala direita dos jacobinos.

Engels, Friedrich (1820-1895) – Filósofo alemão, amigo e colaborador de Karl Marx, com quem escreveu várias obras fundamentais, como *A sagrada família* e a *A ideologia alemã*. Dedicou-se ao problema da dialética da natureza, além de a estudos sobre a situação da classe trabalhadora na Inglaterra. É autor dos livros *Anti-Düring*, *A dialética da natureza* e *A situação da classe trabalhadora na Inglaterra*. Depois da morte de Marx, publicou *Ludwig Feuerbach e o fim da filosofia clássica alemã*. Encarregou-se também da publicação *post mortem* dos Livros II e III de *O capital*, de Marx.

Feuerbach, Ludwig (1804-1872) – Importante representante do movimento neo-hegeliano que, embora tenha influenciado a trajetória marxiana, quando de seu momento de ruptura com a filosofia especulativa, tendo sido reconhecido, inclusive por Marx, como "o único neo-hegeliano a acertar contas com a embriaguez especulativa", é depois tomado para análise crítica não apenas nas *Teses*, mas, sobretudo, em *A ideologia alemã*, exatamente por conta da incompreensão do papel da atividade sensível e seu modo de conceber, especulativamente, o gênero ou essência humana.

Hegel, Georg Wilhelm Friedrich (1770-1831) – Destacada figura do Idealismo alemão, elaborou um sistema filosófico em que a consciência não é apenas consciência do objeto, mas também consciência de si. *A fenomenologia do espírito* descreve a marcha do pensamento até seu próprio objeto, que no final é o próprio espírito, na medida em que venha a absorver completamente o pensado. O espiritual são as formas de ser das entificações. A ciência da Ideia Absoluta procede de modo dialético: trata-se de um processo de sucessivas afirmações e negações que conduz da certeza sensível ao dito saber absoluto. A dialética não é um simples método de pensar; é a forma em que se manifesta a própria realidade, ou seja, é a própria realidade que alcança sua verdade em seu completo autodesenvolvimento. A Ideia é uma noção central no sistema hegeliano, o qual aspira a ser o sistema da verdade como um todo e, portanto, o sistema da realidade no processo de pensar a si mesma.

Hilferding, Rudolf (1877-1941) – Economista austríaco. Foi um teórico revisionista do marxismo e destacado líder da social-democracia alemã durante a República de Weimar.

Horácio [Quintus Horatius Flaccus] (65 a.C.-8 a.C.) – Filósofo e poeta latino, considerado um dos maiores poetas da Roma antiga. Autor de odes, sátiras e epístolas. Entre seus poemas traduzidos para o português está a "Arte poética".

Kapp, William Karl (1910- 1976) – Economista alemão, escreveu, dentre outras obras, *Os custos sociais da empresa privada*, considerado um texto básico da economia institucional; foi um dos inspiradores da ecologia política.

Kautsky, Karl (1854-1938) – Político e escritor alemão. Líder da Segunda Internacional. No fim da década de 1970, passou de socialista vulgar a marxista. De 1883 a 1917, foi redator do *Die Neue Zeit*, jornal do Partido Social-Democrata. A partir de 1910, tornou-se partidário do centrismo e, em 1917, opositor do poder soviético.

Lassalle, Ferdinand (1825-1864) – Jurista e ativista político alemão, defensor dos ideais democráticos. Seguidor de Hegel e amigo de Marx, embora não estivessem de acordo a respeito das questões fundamentais de sua época.

Lênin [Vladimir Illitch Ulianov] (1870-1924) – Líder revolucionário e chefe de Estado russo, mentor e executor da Revolução Russa de 1917. Em 1922, fundou, junto com os sovietes, a União das Repúblicas Socialistas Soviéticas (URSS). Sua liderança inspirou os partidos comunistas através do mundo.

Liebknecht, Wilhelm (1826-1900) – Jornalista, um dos mais importantes líderes do movimento operário alemão e internacional. Participou da Revolução de 1848-1849. Emigrou para a Suíça, posteriormente para a Inglaterra, onde se tornou membro da Liga dos Comunistas; voltou à Alemanha em 1862. Membro da Internacional; em 1866, fundador do Partido dos Trabalhadores da Saxônia; em 1869, cofundador do Partido Trabalhista Social-Democrata da Alemanha. Adversário do militarismo prussiano, defendeu a união alemã por uma via democrático-revolucionária; membro do parlamento da Alemanha do Norte (1867-1870) e do parlamento alemão (1874-1900). Durante a guerra franco-prussiana, atuou ativamente contra os planos prussianos de anexação e em defesa da Comuna de Paris.

Luxemburgo, Rosa (1871-1919) – Pensadora e ativista marxista polonesa que, ao lado de Karl Liebknecht, criou a Liga Espartaquista, a semente do Partido Comunista da Alemanha. Foi presa, espancada e assassinada com outros líderes do partido, fato que gerou o fim da revolta espartaquista de janeiro de 1919.

Martov, Julius (1873-1923) – Líder revolucionário nascido em Istambul. Foi um dos fundadores do Partido Social-Democrata Russo e do periódico

Iskra [Faísca]. No Congresso de Bruxelas-Londres de 1903, declarou seu apoio aos mencheviques, contrapondo-se a Lênin. Durante a Primeira Guerra Mundial, dirigiu os Mencheviques Internacionais, partidários do fim da guerra. Após o triunfo dos bolcheviques, mudou-se para Berlim, onde passou a publicar o *Correio Socialista*.

Marx, Karl Heinrich (1818-1883) – Filósofo, economista e político socialista alemão, passou a maior parte da vida exilado em Londres. Doutorou-se em 1841 pela Universidade de Berlim, com uma tese sobre Epicuro. Foi ligado à esquerda hegeliana e ao materialismo de Feuerbach. Em 1844 conheceu Friedrich Engels e em 1848 redigiu com ele o *Manifesto Comunista*. Desenvolveu uma ideia de comunismo ligada à sua concepção da história e a uma resoluta intervenção na luta política, solidária com o movimento operário. Suas obras mais famosas são *O capital* e *A ideologia alemã* (esta escrita em colaboração com Engels).

Mehring, Franz (1846-1919) – Historiador, editor e político alemão. Durante a Primeira Guerra, distanciou-se do Partido Social-Democrata e foi fundador da Liga Espartaquista (em 1916), junto com Rosa Luxemburgo e Karl Liebknecht.

Pannekoek, Anton (1873-1960) – Astrônomo e teórico marxista neerlandês. Em 1902 entrou para o Partido Social-Democrata Holandês e, juntamente com Hermann Gorter, participou da redação de *Nieuwe Tijd* o órgão teórico do partido. Partidário da esquerda de Zimmerwald foi cofundador do Partido Comunista holandês em 1918. Rompeu com a Internacional Comunista em apoio aos movimentos dos conselhos contra o aparelho dos partidos.

Plekhanov [Georgi Valentinovitch] (1856-1918) – Criador de uma versão economicista do marxismo de rasgos positivistas. Originalmente *narodnik*, criou a primeira organização marxista russa, o grupo Emancipação do Trabalho, em 1883. Correspondente de Engels. Polemista contra os populistas e autor de importantes obras, foi notável propagandista do marxismo na Rússia. No congresso do POSDR, em 1903, alinhou-se com os mencheviques, posição que manteria até 1917. Sua organização menchevique, o grupo Iedinstvo (Unidade), defendia extremado social--chauvinismo. Apesar de opor-se à Revolução de Outubro, não participou da contrarrevolução.

Pushkin, Aleksxander Sergueievitch (1799-1837) – Russo membro da alta aristocracia, autor de poemas, novelas e peças teatrais. Considerado por muitos como o maior escritor russo e fundador da moderna literatura russa.

Robespierre, Maximilien de (1758-1794) – Político, advogado e revolucionário francês. Uma das figuras centrais da Revolução Francesa.

Scheidemann, Philipp (1865-1939) – Um dos dirigentes da ala extrema direita da social-democracia alemã. Desde fevereiro até junho de 1919 presidiu ao governo burguês alemão. Reprimiu ferozmente o movimento operário.

Schweitzer, Johann Baptist von (1833-1875) – Um dos representantes do lassallianismo na Alemanha, presidente da Associação Geral dos Operários Alemães (1867-1871). Criou obstáculos à filiação de operários alemães na Primeira Internacional, lutou contra o Partido Operário Social-Democrata; em 1872 foi expulso da Associação por se terem descoberto as suas ligações com as autoridades prussianas.

Shakespeare [William Shakespeare] (1564-1616) – Poeta e dramaturgo inglês. Com os dois longos poemas que dedicou ao conde de Southampton, obteve dinheiro suficiente para tornar-se sócio da companhia teatral Lord Chamberlain's Men. Suas obras completas foram publicadas por dois antigos colegas de palco sete anos após a sua morte.

Talleyrand (Charles Maurice de Talleyrand-Périgord) (1754-1838) – Estadista francês que se notabilizou pela capacidade de adaptação política. Trabalhou durante o regime dos dois Napoleões e também durante a restauração monárquica.

Tcherevanin, N. [pseudônimo de **Fedor Andreevich Lipkin**] (1869-1938) – Revolucionário russo. Assumiu, a partir de 1903, um papel de liderança nas atividades mencheviques, atuando como seu editor e participando dos seus congressos e órgãos centrais. Em 1917, atuou como economista no Departamento Econômico do Soviete de Petrogrado. Após a tomada de poder pelos bolcheviques, juntou-se à maioria de esquerda do Partido Menchevique. Em 1920, foi preso e morreu na cadeia.

Trótski, Leon (1879-1940) – Político, militante, escritor e filósofo russo. Após agitada juventude revolucionária, participa ativamente da Revolução Comunista de 1917. Foi presidente do soviete de Moscou e ministro das Relações Exteriores e da Guerra, além de um dos principais organizadores do Exército Vermelho. Sua disputa política com Stalin, após o afastamento de Lênin por problemas de saúde, o levaria ao exílio. Fundador da Quarta Internacional. Foi violentamente assassinado, a mando de Stálin, no México. Escreveu ampla obra, dentre ela *A Revolução Russa*, *A revolução permanente*, *A revolução traída*, *Vida de Lenin* e sua autobiografia.

Vandervelde, Émile (1866-1938) – Político e militante socialista belga. Membro do Executivo da Internacional Socialista. Foi ministro e representou a Bélgica na Conferência de Paz (1925), tendo assinado o Pacto de Locarno. Sendo pacifista, tentou reduzir o serviço militar para seis meses. Escreveu *A questão agrária na Bélgica*, entre outros livros.

Zinoviev, Grigori (1883-1936) – Revolucionário e político russo, fez oposição a Lênin durante a Revolução Russa e a Stálin em 1925, motivo pelo qual foi expulso do Partido em 1927 e executado em 1936.

Obras do autor publicadas no Brasil*

Ensaios sobre literatura, coordenação e prefácio de L. Konder, Rio de Janeiro, Civilização Brasileira, 1965; 2ª ed., 1968 (reúne os seguintes ensaios: "Introdução aos escritos estéticos de Marx e Engels", "Narrar ou descrever?", "Balzac: *Les Illusions perdues*", "A polêmica entre Balzac e Stendhal", "O humanismo de Shakespeare", "Dostoievski", "O humanismo clássico alemão: Goethe e Schiller" e "Thomas Mann e a tragédia da arte moderna").

Existencialismo ou marxismo?, trad. de J. C. Bruni, São Paulo, Senzala, 1967; 2ª ed., São Paulo, Ciências Humanas, 1979.

Introdução a uma estética marxista, trad. de C. N. Coutinho e L. Konder, Rio de Janeiro, Civilização Brasileira, 1968; 3ª ed., 1977.

Marxismo e teoria da literatura, seleção e trad. de C. N. Coutinho, Rio de Janeiro, Civilização Brasileira, 1968; 2ª ed., São Paulo, Expressão Popular, 2010 (reúne os seguintes ensaios: "Marx e o problema da decadência ideológica", "Friedrich Engels, teórico e crítico da literatura", "Tribuno do povo ou burocrata?", "Narrar ou descrever?", "A fisionomia intelectual dos personagens artísticos", "O escritor e o crítico", "Arte livre ou arte dirigida?" e "O problema da perspectiva").

Realismo crítico hoje, trad. de E. Rodrigues, introdução de C. N. Coutinho, Brasília, Coordenada, 1969; 2ª ed., Brasília, Thesaurus, 1991.

Conversando com Lukács, entrevista concedida a H. H. Holz, L. Kofler e W. Abendroth, trad. de G. V. Konder, Rio de Janeiro, Paz e Terra, 1969.

Ontologia do ser social. A verdadeira e a falsa ontologia de Hegel, trad. de C. N. Coutinho, São Paulo, Ciências Humanas, 1979.

Ontologia do ser social. Os princípios ontológicos fundamentais de Marx, trad. de C. N. Coutinho, São Paulo, Ciências Humanas, 1979.

Lukács, organização de J. P. Netto, trad. de J. P. Netto e C. N. Coutinho, São Paulo, Ática, coleção "Grandes Cientistas Sociais" (série "Sociologia"), v. 20, 1981 (reúne "O marxismo ortodoxo", extratos da *Ontologia do ser social*, do ensaio "Marx e o problema da decadência ideológica", do capítulo VI ["A sociologia alemã do período imperialista"] de *A destruição da razão*, parte do prefácio a *História do desenvolvimento do drama moderno*, o texto "Nota sobre o romance" e um excerto de *Introdução a uma estética marxista*).

---

* Os títulos contidos nesta bibliografia estão dispostos por ordem cronológica de publicação da primeira edição no Brasil.

Pensamento vivido. Autobiografia em diálogo, com entrevistas concedidas a I. Eörsi e E. Vezér, tradução de C. A. Franco, São Paulo/Viçosa, Ad Hominem/Universidade Federal de Viçosa, 1999.

A teoria do romance, trad., posfácio e notas de J. M. M. de Macedo, São Paulo, Duas Cidades, 2000.

História e consciência de classe. Estudos sobre a dialética marxista, trad. de Rodnei Nascimento, São Paulo, Martins Fontes, 2003.

O jovem Marx e outros escritos de filosofia, organização, apresentação e trad. de C.N. Coutinho e J. P. Netto, Rio de Janeiro, Editora UFRJ, 2007; 2ª ed., 2009 (reúne "Concepção aristocrática e concepção democrática do mundo", "As tarefas da filosofia marxista na nova democracia", "O jovem Hegel. Os novos problemas da pesquisa hegeliana", "O jovem Marx. Sua evolução filosófica de 1840 a 1844", "A responsabilidade social do filósofo" e "As bases ontológicas do pensamento e da atividade do homem").

Socialismo e democratização. Escritos políticos 1956-1971, organização, apresentação e trad. de C. N. Coutinho e J. P. Netto, Rio de Janeiro, Editora UFRJ, 2008; 2ª ed., 2010 (reúne "Meu caminho para Marx", "A luta entre progresso e reação na cultura de hoje", "O processo de democratização", "Para além de Stalin" e "Testamento político").

Arte e sociedade. Escritos estéticos 1932-1967, organização, apresentação e trad. de C. N. Coutinho e J. P. Netto, Rio de Janeiro, Editora UFRJ, 2009; 2ª ed., 2010 (reúne "A estética de Hegel", "Introdução aos escritos estéticos de Marx e Engels", "Nietsche como precursor da estética fascista", "A questão da sátira", "O romance como epopeia burguesa", "A característica mais geral do reflexo lírico" e "Sobre a tragédia").

Prolegômenos para uma ontologia do ser social, trad. de L. Luft e R. Nascimento, prefácio e notas de E. Vaisman e R. V. Fortes, posfácio de N. Tertulian, São Paulo, Boitempo, 2010.

O romance histórico, trad. de R. Enderle, apresentação de A. A. da Silva, São Paulo, Boitempo, 2011.

Para uma ontologia do ser social, v. 1, trad. Carlos Nelson Coutinho, Mario Duayer e Nélio Schneider, rev. técnica de Ronaldo Vielmi Fortes (com a colaboração de Ester Vaisman e Elcemir Paço Cunha), apresentação de José Paulo Netto, São Paulo, Boitempo, 2012.

Para uma ontologia do ser social, v. 2, trad. Nélio Schneider (com a colaboração de Ivo Tonet e Ronaldo Vielmi Fortes), rev. técnica de Ronaldo Vielmi Fortes (com a colaboração de Ester Vaisman e Elcemir Paço Cunha), prefácio de Guido Oldrini, São Paulo, Boitempo, 2013.

Reboquismo e dialética, trad., comentários e notas de Nélio Schneider, rev. técnica de Ronaldo Vielmi Fortes, São Paulo, Boitempo, 2015.

Marx e Engels como historiadores da literatura, trad. Nélio Schneider, rev. técnica e notas da edição de José Paulo Netto e Ronaldo Vielmi Fortes, São Paulo, Boitempo, 2016.

O jovem Hegel e os problemas da sociedade capitalista, trad. Nélio Schneider, rev. técnica e notas da edição de José Paulo Netto e Ronaldo Vielmi Fortes, São Paulo, Boitempo, 2018.

Essenciais são os livros não escritos: últimas entrevistas (1966-1971), org., trad., notas e apresentação de Ronaldo Vielmi Fortes, rev. técnica e apresentação de Alexandre Aranha Arbia, São Paulo, Boitempo, 2020.

Goethe e seu tempo, trad. Nélio Schneider com a colaboração de Ronaldo Vielmi Fortes, rev. da tradução de José Paulo Netto e Ronaldo Vielmi Fortes, São Paulo, Boitempo, 2021.

Estética: a peculiaridade do estético, v. 1: *Questões preliminares e de princípio*, trad. Nélio Schneider, rev. técnica de Ronaldo Vielmi Fortes, apresentação de José Paulo Netto, São Paulo, Boitempo, 2021.

Este livro foi composto em Revival565 BT, corpo 10,5/14,2, e reimpresso em papel Pólen Natural 80 g/m² pela gráfica Rettec, para a Boitempo, em outubro de 2023, com tiragem de 1.000 exemplares.